AF577771

Stefanie Bisping

Lesereise Apulien

Stefanie Bisping

Lesereise Apulien

Die Magie des Mezzogiorno

Picus Verlag Wien

Für Julius

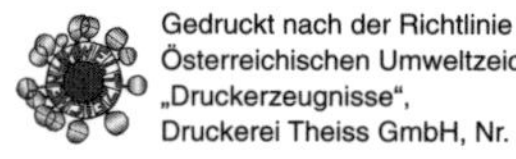

Grafische Gestaltung: Dorothea Löcker, Wien
Umschlagabbildung: © age fotostock / LOOK-foto
Druck und Verarbeitung:
Druckerei Theiss GmbH, St. Stefan im Lavanttal
ISBN 978-3-7117-1062-8

Informationen über das aktuelle Programm
des Picus Verlags und Veranstaltungen unter
www.picus.at

Inhalt

Das Paradies im Olivenhain

Über Jahrhunderte kaum veränderte Landschaft und uralte Städtchen machen Apulien zu einer der schönsten Regionen Italiens

Jeden Tag knetet Giovanni sechshundert Kugeln *mozzarella*. Wie im Schlaf vollführt der junge Mann jeden Handgriff: Er greift die Masse aus der Molke, taucht sie in heißes Wasser, zieht sie in Form und knetet sie zu Kugeln. Vorn im Laden bedient seine Mutter Tonia die Kunden. Mit leichter Hand verknotet Giovanni die Käsekugeln, Signora Tonia schneidet unterdessen eine *burrata* zum Probieren auf. Im Inneren dieses Frischkäses verbirgt sich eine unwiderstehliche Creme aus Sahne und *mozzarella*.

Früher verkauften Tonia und ihr Mann die Milch ihrer Kühe an Fabriken. Doch die Preise sanken, bis das Geschäft nicht mehr rentabel war. Also beschlossen sie, die Milch selbst zu *mozzarella* und *burrata* zu verarbeiten. Seit fünfzehn Jahren betreiben sie bei Fasano, etwa auf halber Strecke zwischen Bari und Brindisi, eine der wenigen traditionellen Käsereien, die es in der Gegend noch gibt.

Die Landschaft der Umgebung ist so außerordentlich schön, dass man sie so langsam genießen muss wie die kulinarischen Höhepunkte, die die Region im Südosten Italiens hervorbringt: den köstlichen Käse, wuchtige Rot- und spritzige Weißweine, aromatisches Olivenöl, das man löffelweise zu sich nehmen möchte. Bis zu tausend Jahre alt sind die Olivenbäume mit den gewaltigen verknoteten Stämmen, die Hügel bewachen und die Ebene bewalden. Aus den Früchten dieser Bäume wird die Hälfte allen italienischen Olivenöls gewonnen. Auf den Feldern zwischen den Olivenhainen wachsen aber auch Weizen, Sellerie, Spinat, Fenchel und Kohl – dank ausgeklügelter Bewässerungssysteme blüht die Landwirtschaft in der Gegend, die schon im Mittelalter die Kornkammer des Südens bildete.

Noch in den sechziger und siebziger Jahren verließen die Einwohner der desolaten wirtschaftlichen Lage wegen in Scharen ihre Heimat. Und noch heute sehen vor allem Hochschulabsolventen ihre Perspektiven eher im Norden des Landes oder im Ausland. Doch obwohl die Arbeitslosigkeit jenseits der größeren Küstenstädte noch immer hoch ist – im Mittel liegt sie bei gut zwanzig Prozent, unter jungen Leuten bis Anfang dreißig ist sie sogar doppelt so hoch –, kehren heute auch wieder Menschen zurück.

Alessandro zum Beispiel, der in seinen Zwanzigern im italienischen Café eines Vergnügungsparks in Florida mit Trinkgeldern ein kleines Vermögen machte. Seine Kollegen lebten wie die Könige im Sunshine State, erinnert er sich. Sie kauften Schmuck für die Freundin und Kleidung für sich, sie gingen aus, wenn die Dienstpläne es zuließen, sie reisten kreuz und quer durch Amerika.

Alessandro aber hielt sein Geld zusammen. Nach zwei Jahren kam er zurück. Er steckte seine Ersparnisse in einen Bauernhof und gründete eine kleine Reiseagentur. »Ich bin so zufrieden hier«, erklärt er und beschreibt die universelle Anziehungskraft seiner Heimat mit bescheidener Zurückhaltung: »Das Klima ist angenehm, die Menschen sind es auch, und das Essen ist gut.«

Das ist stark untertrieben. Apulien, die Region, die sich über eine Länge von vierhundert Kilometern bis zum Stiefelabsatz erstreckt, ist so anziehend, ihre Bewohner von solcher Herzlichkeit, ihre Landschaften so wenig berührt von allem, was den Menschen im Norden das Leben anstrengend erscheinen lässt, dass nicht wenige Besucher auf der Stelle beschließen, für immer zu bleiben. Oder, da das meist nicht ganz so leicht ist, wie es ab der Hälfte des zweiten Glases tiefroten *primitivos* erscheint, doch wenigstens ganz oft wiederzukommen.

Sechzig Millionen Olivenbäume tauchen die urwüchsige Landschaft in silbriges Grün und zeugen von der langen Kultivierung Apuliens. Viele der Bäume standen immer schon hier – oder doch wenigstens so lange, dass man sie bestaunen möchte wie sakrale Bauten aus längst vergangenen Jahrhunderten. Tatsächlich werden die ältesten von ihnen, die von Generationen von Bauern zurückgeschnitten, geschält und gestopft wurden, wie

Denkmäler geschützt. Sie zu verpflanzen oder gar zu fällen ist per Gesetz verboten.

Die Stunde der Dämmerung scheint sie zum Leben zu erwecken, wenn das schwächer werdende Licht aus ihren Silhouetten in der Bewegung erstarrte Riesen macht und ihre zerfurchten Stämme in Gesichter verwandelt. Fast könnte man dann glauben, dass die Bäume ihr eigenes Leben führen, von dem kein Mensch etwas ahnt.

Das köstliche, kräftige Öl, das aus ihren Früchten hergestellt wird, ist Eckpfeiler einer Küche, die die Reichtümer der Natur nutzt, ohne sie zur Unkenntlichkeit zu verfeinern. Das wäre bei Produkten von solcher Güte auch kontraproduktiv. Denn die unverfälschte, vom Alltag der Bauern und Fischer geprägte Küche bietet ein erstaunliches Spektrum an Aromen und Genüssen.

Neben den Ölbäumen, die so fest in der Erde des Südens verwurzelt sind wie die Menschen, die hier leben, besitzt die Region auch Sehenswertes aus Stein. Am südlichen Ende Italiens beschritten die Menschen beim Hausbau bisweilen unorthodoxe Wege. Eindrücklichstes Beispiel sind die *trulli* – weiße, runde Häuser, die ihre grauen Dächer wie Zipfelmützen aus lose aufgeschichteten Steinplatten tragen. Die Altstadt Alberobellos, die fast vollständig aus solchen *trulli* besteht, zählt die UNESCO zum Weltkulturerbe.

Sie wurden im 17. Jahrhundert in großer Zahl hier und in der Umgebung erbaut, als die Anlage dörflicher Siedlungen mit der Zahlung von Steuern an den König einherging. Steuerpflichtig war der örtliche Graf und Lehnsherr, der in der Regel wenig Wert auf solche Verpflichtungen legte. Die fensterlosen Häuschen mit den spitz zulaufenden, ohne Mörtel übereinandergeschichteten Kegeldächern sperrten jedoch nicht nur die sengende Sommersonne aus. Sie erlaubten auch eine flexiblere Regulierung dieser Steuerlast.

Nahte der königliche Finanzbeamte, ließen sich ihre Dächer zum Einstürzen bringen, indem man einen einzigen Stein über dem Eingang aus der Struktur zog. War der Steuereintreiber weitergezogen, ließ sich das Dach des *trullo* rasch wieder aufbauen. So will es die Überlieferung. Glücklicherweise kam der Finanzbeamte nur unregelmäßig, sodass die Dächer der *trulli* nicht jedes Jahr in sich zusammenfielen.

Die elftausend Einwohner Alberobellos pflegen das steinerne Erbe mit Liebe und Engagement. So beschlossen sie, sämtliche Antennen und Satellitenschüsseln von den Dächern ihrer *trulli* zu verbannen, was im fernsehsüchtigen Italien nur dank neuer, weniger sichtbarer Technologien überhaupt durchsetzbar war. Einzig das Rathaus besitzt noch eine Antenne, ansonsten stört nichts die Silhouette dieses eigentümlichen, prachtvollen Ensembles.

Alberobello liegt im Valle d'Itria, das der Zipfelmützenhäuser wegen auch das Tal der *trulli* genannt wird. Ein Tal im eigentlichen Sinn ist es trotzdem nicht, sondern ein zerklüfteter Teil der Kalkhochebene Murgia. Sie dominiert die Landschaft des mittleren Apuliens und der östlichen Basilikata. Wiesen, aus denen sich hier und da ein Olivenbaum oder ein *trullo* erhebt, und Hügel formen sich hier zu Landschaftsbildern von geradezu magischer Schönheit. Keine Stromleitungen zerschneiden sie, mancherorts sind nicht mal Straßen zu sehen. Abschnitte der Straße mit dem bedauerlich prosaischen Namen 172 führen unmittelbar am Rand des Hochplateaus entlang, bevor diese sich in die vierhundert Meter tiefer gelegene Küstenebene absenkt. Zuvor beeinträchtigen die Ausblicke auf dichten Olivenwald, die in einem warmen Ockerton leuchtende Stadt Fasano und das Meer in bedrohlichem Maß die Verkehrssicherheit.

Bis heute ist Apulien weniger wohlhabend als die Regionen Mittel- und Norditaliens. Doch an Traditionen, die in Italien unauflöslich mit Mahlzeiten verbunden sind, und an Produkten, von denen Italiener aus Norden und Süden gleichermaßen schwören, dass von ihrer Qualität alles Gelingen in der Küche und somit auch eine gute Portion Lebensglück abhänge, ist die Region so reich wie der ferne Norden. Mindestens.

Der Lauf der Jahreszeiten ist hier seit ungezählten Generationen von beruhigender Gleichförmigkeit. Wachstum, Reifung und Ernte der Oliven weisen den Weg durchs Jahr wie ein immerwährender Kalender. Im Herbst beginnt die Olivenernte. Sie erfordert Ruhe und Zeit. Im Oktober reinigen die Bauern den Boden rund um die Bäume von Gras und Blättern und breiten die Netze aus, in denen im November die vorsichtig vom Baum geschüttelten Früchte gesammelt werden. Zunächst sind sie grün, dann lila, schließlich werden sie schwarz. Doch der ideale Erntezeitpunkt ist dann gekommen, wenn die Farbe zu violett wechselt. Die grünen Oliven im Glas sind unreif geerntete Früchte.

Die Bauern legen die Netze auch deshalb unter den Bäumen aus, weil sie nicht eine einzige Frucht verlieren wollen. Zur Ernte setzen sie Maschinen ein, die am Stamm rütteln; ein Schirm fängt die Oliven auf. Doch es wird auch von Hand geerntet – dort, wo besonders hochwertiges Öl hergestellt wird, wo die Bäume sich in Hanglage befinden oder sie so alt und knorrig sind, dass Maschinen an ihnen nichts ausrichten können.

Siebzig Euro verdienen die Olivenpflücker am Tag, die auf Leitern stehend mit Plastikkämmen die Früchte von den Ästen holen. Auch vorsichtiges Schütteln der Äste ist erlaubt. Fallen die Früchte hingegen von selbst zu Boden, können sie brechen oder aufplatzen und sind Regen und Witterung ausgesetzt. Die Verletzung der Frucht setzt zudem den Gärungsprozess in Gang. Durch ihn entwickeln Oliven Säure, was sich auf die Qualität des Öls auswirkt.

Deshalb wird, um das beste Öl zu erhalten, die Ernte auf schnellstem Weg zur Mühle gebracht, wo sie von Zweigen befreit, gewaschen und schließlich verarbeitet wird. Als Faustregel gilt: Von Hand geerntete Früchte, die noch am selben Tag die Mühle erreichen, ergeben das beste Öl. Vom Baum essen kann man Oliven nicht. Vierzig Tage müssen Oliven in Salzlake liegen, bis sie genießbar sind. So erklärt es der Verwalter den Besuchern der Masseria Maccarone.

Die Masseria Maccarone besitzt fünfundzwanzigtausend Olivenbäume, von denen achttausend über hundert Jahre alt sind. Das heutige Herrenhaus wurde 1754 erbaut, die Kapelle vier Jahre später, 1780 kam die von Eseln betriebene Olivenmühle hinzu. Noch immer wird hier Öl hergestellt. Heute trennt eine Maschine Schale, Wasser und Öl – das nur fünfzehn Prozent der Frucht ausmacht – voneinander. Die Flaschen, in die das vielfach preisgekrönte Olivenöl abgefüllt wird, etikettiert man indessen noch immer an einem einzigen Arbeitsplatz von Hand.

Masserien wie Maccarone wurden einstmals als Gutshöfe mit zahlreichen Wirtschaftsgebäuden nebst Hauskapelle erbaut. Strahlend weiß verputzt, mit schweren Mauern, die genauso vor Sommerhitze wie vor Angriffen schützten, wirken sie ein wenig, als hätte man sie aus Nordafrika hierher verpflanzt.

Hier lebten die Menschen völlig eigenständig, versorgten sich selbst und waren dazu der Aufsicht eines Großgrundbesitzers enthoben. Denn nur selten war der Hausherr im feudalen Wohnhaus anzutreffen; meist residierte er in der Stadt und ließ sein Land von Verwalter und Bauern bewirtschaften. Die an der Küste gelegene Höfe wurden im 16. und 17. Jahrhundert zur Verteidigung vor vom

Meer angreifenden Sarazenen, Seeräubern und anderen marodierenden Horden befestigt; seither besitzen viele einen eigenen Wachturm.

Auch jenseits der *masserie* erwiesen sich befestigte Türme zur Verteidigung in jenen unruhigen Tagen als nützlich. Von der Gargano-Halbinsel im Norden Apuliens bis zum Capo Santa Maria di Leuca, dem südlichsten Punkt Apuliens am Ionischen Meer, erstreckt sich daher eine alte Verteidigungslinie aus mehr als dreihundert Festungstürmen.

Entdeckte ein Wachtposten von einem der Türme aus herannahende Feinde, wurden umliegende Dörfer durch reitende Boten gewarnt. Die *masserie* verständigten sich mithilfe von Brieftauben untereinander. Schafften Eindringlinge es tatsächlich an Land, ließen sich Belagerungen in den *masserie* mit ihren durch Kanalsysteme bewässerten Kräutergärten und ausreichenden Platz für Menschen und Tiere leicht einige Wochen lang überstehen.

Heute werden viele von ihnen touristisch genutzt. Die zu Festungen verstärkten Gutshöfe haben sich in Hotels verwandelt, deren Architektur sie selbst als Sehenswürdigkeiten qualifiziert. Aus Schafställen wurden Schlafzimmer, aus manchem Kuhstall von einst wurde ein Spa oder eine Sauna. Wer heute auf dem Dach eines der alten Wachtürme mit einem Aperol Spritz bewehrt im Lounge-Sessel ruht und den Abendhimmel betrachtet, teilt mit den Wächtern von einst nur mehr die Aussicht. Nicht weniger schön ist es, in einem der alten Gemäuer zu erwachen. Die Fenster öffnen den Blick auf Oliven-, Mandel- und Johannisbrotbäume. Schwalben wirbeln über den Morgenhimmel. Am Horizont leuchtet dunkelblau das Meer.

Otranto und die Magie des Mezzogiorno

Meer, Mondschein, Mosaiken: Vom Wesen des Südens

Antonio Milo fischt seit 1946. Er erinnert sich gut daran, wie es damals war, als er zum ersten Mal aufs Meer hinausfuhr. »Anders«, sagt er und lacht vergnügt. »Ganz anders als heute. Wir sind mit Ruderbooten gefahren. Es war Schwerstarbeit.«

Die Fischer orientierten sich nach dem Wind, dem Mond und den Sternen. Sie mussten das Meer und die Küste genau kennen, wissen, wo das Wasser wie tief ist und wie die Sandverhältnisse sind. Das heutige Fischen sei dagegen ein Kinderspiel. »Es sind viele Dilettanten da draußen unterwegs.«

Der Fischer lacht gutmütig. Es liegt ihm fern, die jungen Kollegen zu beleidigen. Es sei halt nur ein anderes Arbeiten in einer anderen Welt. »Man muss heute die Natur nicht kennen, um den Job zu machen. Eine normale technische Begabung reicht aus. Wir hatten keine Geräte, auf die wir uns verlassen konnten. Wir mussten wissen, welche Fische wann in welcher Tiefe zu finden sind.«

Mit sorglosem Lächeln, den Jeans, Sandalen und dem kurzärmeligen Hemd sieht er aus wie ein sportlicher Siebzigjähriger. Doch Antonio Milo ist dreiundachtzig Jahre alt. »Ich bin der älteste Fischer Otrantos. Alle anderen habe ich überlebt.« Er sagt es ohne Bitterkeit. So ist es eben. Vor zehn Jahren hat er mit dem Fischen aufgehört. Seither ist er im Ruhestand. Doch er fährt noch immer ab und zu aufs Meer hinaus. »Aber nur zum Spaß, für mich.« Er weiß, dass der Fischbestand gesunken ist; das sei nur logisch, weil die Produktion so gewachsen ist. Früher verkaufte jeder seinen Fang im eigenen Dorf, heute versorgen deutlich weniger Fischer die Küste und ihr Hinterland.

Die Ausrüstung, die man zum Fischen brauchte, gab es damals, kurz nach dem Krieg, nicht im Fachgeschäft zu kaufen. Es gab wenig Material und kaum Netze. Antonios Vater, der vom Südkap nach Otranto gekommen war, weil das Wasser hier fischreicher war, flocht aus Binsen viereckige Trichter, die er ins Meer stellte. Darin wurden die Fische gesammelt. Der Sohn sah ihm erst zu und begann dann mitzuhelfen. Damals wurde nur im Sommer gefischt, von Juni bis September. Im Herbst und Winter kümmerte man sich um die Ausrüstung. »Wir haben jedes Jahr um die hundert solcher Trichter geflochten, sie gingen ziemlich schnell kaputt«, erinnert er sich.

Als Antonio heiratete, flocht er weiter – aber nun auch fürs Heim. Lampenschirme zum Beispiel, die im Haus deutlich besser hielten als die Trichter im Meerwasser. Das Flechten wurde zur Leidenschaft, die ihn durchs ganze Leben begleitete. Noch immer beteiligt er sich an Ausstellungen, verkauft seine Arbeiten auf Märkten und bringt nebenbei anderen Menschen bei, wie man Binsen zu Körben und Wandschmuck verarbeitet. Vier bis fünf solcher Kurse gibt er im Jahr, meist sind die Teilnehmer nicht Urlauber, sondern Leute aus der Gegend, denen seine Arbeiten gefallen.

Auch neben der Tür des Hauses, in dem er mit seiner Frau über der Bucht von Otranto lebt, hängt ein handgeflochtenes Wandbild. Daran erkennt man, dass hier der Fischer wohnt, der auch Korbflechter ist. Wer es nicht weiß, fragt in der kleinen Bar zwei Häuser weiter nach ihm. Manchmal ist er hier, manchmal plaudert er mit Freunden, die er an einer Straßenecke getroffen hat. Oder er ist mit dem Auto unterwegs. Antonio ist immer beschäftigt. Er unterhält sich gerne und kennt fast jeden in dem Dorf, in dem er 1932 geboren wurde.

Es ist nicht schwer zu verstehen, warum viele Einheimische sagen, sie hätten keinerlei Interesse daran, woanders zu leben als hier. Otranto, die Perle des Südens, einstmals wichtiges, durch eine schwere Festung gesichertes Tor zum östlichen Mittelmeer, mag heute vor allem von touristischer Bedeutung sein. Nur fünftausend Menschen leben hier, während der Saison werden sie leicht zur Minderheit. Doch den Reiz des Dorfes überm Meer vermögen Besucherströme kaum zu schmälern.

Nur achtzig Kilometer trennen Otranto von Albanien; es ist die engste Stelle der Adria, die hier aufs Ionische Meer trifft. An klaren Tagen kann man das Festland auf der anderen Seite des Meeres sehen.

In neuerer Zeit war die Küste um Otranto deshalb immer wieder das Ziel von Schleppern, die Flüchtlinge in Richtung EU bringen, meist in überladenen und wenig seetüchtigen, manchmal in führerlosen Booten. Achthundert Jahre, nachdem Kaiser Friedrich hier seine Reise ins Heilige Land antrat, werden vor der Küste Menschen buchstäblich ausgesetzt – die Spezies ist seit der Zeit des schöngeistigen Staufers jenseits der Entwicklung des Verbrennungsmotors nicht wesentlich vorangekommen.

Griechen und Römer hielten es für sinnvoll, hier nicht nur den schönen Ausblick aufs Meer zu bewundern, sondern auch einen Hafen anzulegen und auszubauen. In jenen Tagen wurde auch beschlossen, dass hier die Adria endet und das Ionische Meer beginnt – oder umgekehrt. Bis heute hat niemand ernsthaft widersprochen.

Längst ist der einstmals bedeutende Adria-Hafen ein Häflein, in dem vor allem Sportboote liegen. Doch die Ruhe steht ihm gut. So dekorativ schmiegt sich Otranto um die runde Bucht, so hell glitzert das Meer, dass man singen wollte, wären nicht überall arglose Passanten, die sich darüber womöglich wunderten. Doch es ist fast so schwierig wie in Polignano a Mare, dem alten, an steile Klippen geklebten Städtchen, nicht unentwegt »*Voo-lare, oh oh, cantare, oh oh oh oh!*« zu schmettern, nachdem einem das Denkmal des Sängers und Songwriters Domenico Modugno am Ortseingang seinen Ohrwurm unauslöschlich ins Hirn gebrannt hat.

Wer hier lebt, nimmt die großen Attraktionen und kleinen Details, die die Herzen Fremder schneller schlagen lassen, zwar nicht mit immer gleicher Intensität zur Kenntnis: den tiefblauen Himmel, die weiß blitzenden Boote im Hafen, die Festung, die wuchtig neben der ummauerten Altstadt auf einer Anhöhe thront, die breite Promenade, die an ihrem Fuß beginnt und um eine der schönsten Buchten des Südens führt. Doch auch dauerhafte Konfrontation vermag gegen eine solche Dosis mediterranen Flairs nicht vollständig zu immunisieren.

Daniele Rizzi ist einer der Menschen, die Otranto nicht verlassen wollen. Mit vierzehn Jahren beschloss er, Koch zu werden. Und zwar hier. Mit seiner Klasse hatte er zur beruflichen Orientierung eine gastronomische Schule besucht und dort zugesehen, wie ein Auszubildender eine Blätterteigspeise zubereitete. »Das hat mich so fasziniert, dass ich das auch können wollte.«

Rizzi verließ die Schule, absolvierte Praktikum und Ausbildung und arbeitete in verschiedenen Restaurants in und um Otranto. Heute ist er achtundzwanzig Jahre alt und seit acht Jahren im Restaurant Corte di Nettuno tätig, seit vier Jahren leitet er die Küche – und kann sich nichts anderes vorstellen. »Die Leidenschaft zum Kochen wuchs allmählich. Damals gab es keine Fernsehköche, oder zumindest kannte ich keine. Es war kein glamouröser Beruf. Ich wollte Koch werden, um etwas zu lernen, das mich interessierte und mit dem ich etwas anfangen konnte.«

Mit der Leidenschaft entwickelte sich eine Vision. Den ursprünglichen Gerichten des Salento, wie Daniele Rizzi sie seit seiner Kindheit kennt, authentischen Mahlzeiten, wie sie auch heute noch in jedem Dorf der Halbinsel auf den Tisch kommen, wollte er eine persönliche Note geben: »Alle Zutaten, alle Rezepte sind erkennbar, aber ich entwickle sie aus meiner Erfahrung heraus ein Stückchen weiter.«

Erfahrung hat er reichlich gesammelt, nachdem er sein halbes Leben in Profi-Küchen zugebracht hat. Am liebsten kocht er Fisch oder Fleisch mit Gemüsen der Saison – für seine Gäste. Privat kocht er am liebsten *pasta*. »*Spaghetti al pomodoro* ist mein Lieblingsessen. Es ist ein ganz simples Gericht, aber man muss wissen, was man tut, um es perfekt hinzubekommen.«

Besonders viel Zeit verbringt er nach der Arbeit ohnehin nicht am Herd. Lieber werkelt er an dem Haus, das er und seine Verlobte nach ihrer Hochzeit im nächsten Jahr beziehen wollen. Schon aufgrund dieser Perspektive ist eine Station im Ausland für ihn undenkbar. »Nein«, sagt er entschieden. »Auf keinen Fall will ich im Ausland arbeiten. Oder im Norden. Das bedeutet nicht, dass ich nicht neugierig bin. Ich möchte mich entwickeln und weiterbilden. Aber nicht woanders. Mit den technischen Möglichkeiten, die wir heute haben, kann ich das auch hier.« Online Netzwerken, Austausch und Fortbildung auf Internetplattformen und mittels Filmen – ja. Otranto verlassen – auf keinen Fall.

Dass Otranto einmal eine Metropole an zwei Meeren war, beweist auch die Pracht seiner Kirche. In der Cattedrale di Santa Maria Annunziata, der größten romanischen Kirche Apuliens, fügen sich sechshunderttausend Steinchen zu einem großen Wunder: einem achthundert Quadratmeter großen Mosaik, das den Boden von Mittelschiff, Querschiff und Apsis fast vollständig bedeckt. Pantaleone hieß der Mann, dem die Pracht zu verdanken ist; vermutlich war er ein Mönch in einem nahegelegenen Kloster oder hatte zumindest Zugriff auf dessen Schriften. Denn viele der Szenen und Figuren, die hier klar wie in einem Comic dargestellt sind, gehörten in den Jahren 1163 bis 1165, in denen Pantaleone sich in erstaunlicher Geschwindigkeit seiner kleinteiligen Arbeit entledigte, nicht unbedingt zum normalen Haushaltswissen. Im Mittelschiff wächst ein Lebensbaum aus dem Rücken zweier Elefanten, die man im 12. Jahrhundert nicht aus dem Zoo kannte, gleich daneben macht eine Diana, die der Geistliche in seinen Predigten vermutlich eher selten erwähnte, mit Pfeil und Bogen Jagd auf einen Hirschen.

Sicher ist, dass Bischof Jonathan Pantaleones Auftraggeber war. Denn so ist es deutlich auf dem Boden des Mittelschiffs zu lesen. Er wird durch Kordeln vor den Füßen der vielen Besuchern geschützt, die auf den übrigen Mosaiken ungestört herumlaufen dürfen. Nur zu Messen werden die Absperrungen weggenommen. Auf den Mosaiken stehen Kirchenbänke, deren unmittelbares Scheuern auf den Mosaiksteinchen nur durch Filzgleiter im Ansatz verhindert wird – Ansporn und Weisung für jeden Besucher, sich weniger Gedanken über Kratzer auf dem heimischen Parkett zu machen.

Die Kapelle der Märtyrer im Seitenschiff erinnert an ein finsteres Kapitel Stadtgeschichte, als bei einem Überfall der Türken im Jahre 1480 achthundert Bewohner Otrantos enthauptet wurden. Sie hatten sich geweigert, ihrem Glauben zu entsagen. Fortan schützte eine Mauer die Stadt.

Heute sind die Gefahren andere. Denn die Kathedrale, die in Erinnerung an die achthundert Opfer von einst auch die der Märtyrer genannt wird, ist mit der bemalten Kassettendecke, einem Wald aus zweiundvierzig Säulen in der Krypta und den Mosaiken so schön, dass man allein durch den Anblick gläubig werden könnte.

Draußen steuert ein Priester seinen weißen Fiat Panda durch eine schwere Holztür neben der Kathedrale und gibt somit das Signal, dass es bald Zeit zum Essen ist. Der Strom der Besucher schiebt sich durch die Gassen der Altstadt auf den *lungomare* hinaus, die Strandpromenade, auf der sich der übliche Wahnsinn zu entfalten beginnt. Bellende Hunde, umhersausende Kinder, kreischende Teenager, flanierende und Kinderwagen schiebende Paare, große Familienverbände – sie alle purzeln durcheinander, strömen hinauf und hinab, während Liegestühle am Strand zusammengeklappt, Sonnenschirme zur Nacht festgezurrt und die Tische in den *ristoranti* eingedeckt werden, Musik dröhnt und die Menschen sich zum *aperitivo* in die Bars drängen.

Nur das Aragonische Kastell thront ungerührt von all dem über der Bucht. Alfonso von Aragon ließ es nach dem Einfall der Türken auf dem normannischen Vorgängerbau errichten. Viele Tage hat es seither kommen und gehen sehen, ohne dass es jemals mehr einen ernstzunehmenden Angriff auf seine Mauern gegeben hätte. Hier wacht eine schlecht gelaunte Dame am Ticketschalter und überlegt, ob die Fremden wohl geeignet seien, die Geheimnisse der Festung zu erkunden. Das meiste bleibt ohnehin verborgen; die Burg wird restauriert, fast alle Wege enden vor rot-weißen Absperrbändern. Nur ein Teil der Aussichtsplattform, aber kein Meter der Festungsmauern ist zugänglich.

Doch bald schon, nach abgeschlossener Restaurierung, soll die alte Festung, in der bislang nur unregelmäßig Konzerte gespielt und Ausstellungen gezeigt werden, als Kulturzentrum große Aufgaben erfüllen: nämlich jenseits abgenutzter Stereotypen Identität und Wesen des Südens fassbar zu machen.

Ein Anfang ist gemacht. In einem kleinen Raum neben dem Innenhof wird mit bescheidenem Stolz von Sir Horace Walpole erzählt, dem Verfasser des ersten englischen Schauerromans, der damit 1764 eine literarische Lawine lostrat. Ihr ist unter anderem der unsterbliche »Frankenstein« der Mary Shelley zu verdanken. Walpoles Werk hieß, hier kaum weniger eindrücklich, »Die Burg von Otranto«. In der Erstauflage gab er vor, es sei der aus dem Italienischen übersetzte Text eines in Otranto ansässigen Mönches.

Ehrlicherweise gibt die Ausstellung in der Festung zu, dass die dunklen Vokale des Namens Otranto und sein für fremde Ohren womöglich schauerlich düsterer Klang Walpole vielleicht eher noch zur Titelwahl inspirierten als die tatsächliche Stadt. Dennoch schmückte schon eine frühe Ausgabe des Erfolgstitels werbewirksam eine Zeichnung der Burg als Frontispiz.

Eine Ausstellung mit Fotografien der Frauen des Südens gibt den Kurs der Festung in die Zukunft vor. Die Aufnahmen des 1943 in Sizilien geborenen Fotografen Ferdinando Scianna, die er in den achtziger und neunziger Jahren in Apulien, Kampanien, in der Basilikata und auf Sizilien machte, zeigen Frauen hinter Vorhängen, Hand in Hand schlendernd, in einem Tagtraum versunken oder selbstbewusst posierend. Scianna arbeitete in den achtziger Jahren für die legendäre Fotoagentur Magnum in Paris und traf dort mit Henri Cartier-Bresson zusammen, der neben vielem anderem seit den fünfziger Jahren die entlegene Welt der Basilikata in Bildern dokumentiert hatte. Scianna fotografierte Frauen vor der Mole Baris, vor zerfallenden Steinmauern und in der Gasse einer Altstadt – untrennbar verbunden mit den Landschaften des Südens.

Die Ausstellung nahm ihren Weg vom Teatro

Petruzzelli in Bari über Matera, die Kulturhauptstadt Europas des Jahres 2019, bevor sie das Aragonische Kastell in Otranto erreichte. Sie ist Teil eines Kulturprojekts, das in der Hauptstadt Apuliens begründet wurde. Sein Titel zitiert den 1914 geborenen apulischen Dichter Vittorio Bodini: »*Tu non conosci il sud*«, du kennst den Süden nicht.

Mit der Vorstellung der Welt eines armen, rückständigen italienischen Südens, den lustige Marktfrauen und finstere Kriminelle bevölkern, mag man sich in Apulien nicht mehr abfinden. Anstatt auf PR-Kampagnen setzt man aber auf die Kraft der Kultur. Das Projekt will mit Ausstellungen und Kulturveranstaltungen das eigentliche Wesen des Südens erfassen. An symbolträchtigen Orten wie der Festung Otrantos materialisiert sich jenseits von Klischees und Stereotypen das Bild einer Region kreativer, modern denkender Menschen. Mit ihren Visionen und Ideen sind sie im 21. Jahrhundert angekommen und doch fest in ihrem Land verwurzelt.

Schokolade im Haar, Mehl an den Händen

Eltern erlaubt: Wenn große und kleine Gäste auf einem apulischen Gutshof zusammen kochen

Als Oberkellner Ottavio das Kind nach seinen Wünschen befragte, zögerte es nur kurz. »Nudeln mit Tomaten und gegrillten Fisch«, verkündete es dann. Ottavio nickte und notierte. Im Restaurant unserer *masseria* gibt es keine Kinderkarte. Man vertraut hier darauf, dass Kinder wissen, was ihnen schmeckt – und dass ihnen Gutes ganz sicher schmecken wird. Und man traut ihnen auch zu, ihre Wünsche zu formulieren. So gibt es in diesem zum Hotel umgebauten Gutshof (genauso wenig wie in den *ristoranti* der Gegend) keine als Winnie-Puuh- oder Micky-Maus-Teller getarnten Hähnchen-Nuggets oder fischhaltigen Panadestäbchen.

Sondern kleinere Portionen regionaler Gerichte. Ottavio verschwand und brachte bald darauf jenen ersten Gang, von dem das Kind noch lange reden und von dem es fortan immer wieder neue Auflagen einfordern sollte: *orecchiette* in einer fruchtigen Tomatensauce, mit ein wenig Olivenöl beträufelt. Die Flasche des Öls aus eigener Herstellung stand vor uns auf dem Tisch, daneben *taralli* genannte Teigkringel, frisches Weißbrot und eine Schale mit rohem Gemüse, knackige Möhren und zartester Fenchel, die unsere knurrenden Mägen zuvor versöhnlicher gestimmt hatte.

Das vierjährige Kind war zum ersten Mal in Apulien. Bei diesem Mittagessen erkannte es, dass man es hier würde aushalten können. Und so begann über dem Teller mit *orecchiette* die Verwandlung einer bislang unbekannten Region in magisches Land.

Dass man in Italien ein anderes Verhältnis zum Essen hat als in Deutschland, wussten wir natürlich. Schließlich hatten wir schon viele schöne Stunden in stillem Glück bei reichlichem Essen landauf, landab an italienischen Tafeln verbracht und dabei Grundlegendes begriffen. Einfache Zutaten, gute Zutaten, Zutaten aus der Region – es ist so einfach wie kompliziert. Zumindest für Angehörige einer Nation, der das kulinarische Selbstbewusstsein fehlt, sich intensiv etwa mit heimischem Wurzelgemüse auseinanderzusetzen – und die, schlimmer noch, ausgerechnet fürs Essen am liebsten überhaupt kein Geld ausgeben würde.

All das wirkt sich auf die Genusserziehung des Nachwuchses aus. In Apulien ist zum Kochen niemand zu jung. Deshalb gibt es in unserer *masseria* generationenübergreifende Kochkurse. Dass sich Eltern und Kinder in Italien auch im Urlaub lieber zusammen als voneinander getrennt beschäftigen, ist ein weiterer Unterschied der Mentalitäten in eben jenen Bereichen, die im italienischen

Bewusstsein untrennbar miteinander verbunden sind: Familienleben und Nahrungsaufnahme.

Und womöglich ist dies das Geheimnis des Familienurlaubs in unserer *masseria*: dass man sich traut, die kostbare freie Zeit miteinander zu verbringen, anstatt die Kinder wie im Alltag während großer Teile des Tages auszulagern. Ob die Gäste durch Olivenhaine an den Strand radeln oder besser kochen lernen – die Kinder sind immer dabei.

Unserem Sohn, der schon den Kindergarten zu Hause mit mehr Fassung als Begeisterung besuchte, ist es nur recht, dass es hier keinen Kinderclub gibt.

Im Kochkurs beugt er sich neben zwei etwas älteren Mädchen aus Österreich konzentriert über die Arbeitsplatte. Die Kinder belegen *pizze*. Erst streichen sie Tomatensauce auf den Teig, dann überlegen sie, ob Salami folgen soll oder vielleicht Schinken. Unser Kind, das sich als erfahrener Italienreisender schon im Vorfeld des Apulienaufenthalts am meisten auf Schinken und Wurstwaren gefreut hatte, kann sich nicht recht entscheiden. »Beides, Giulio, aber der Schinken kommt erst ganz zum Schluss«, empfiehlt Cosimo Massaro, der zweiunddreißigjährige Koch, der die Namen seiner Schüler zwanglos ins Italienische transferiert.

Als die *pizze* vorbereitet sind – in den Ofen aus dem 16. Jahrhundert schiebt sie der Küchenchef aus Sicherheitsgründen selbst –, stellen die drei jungen Köche sich neuen Aufgaben. Plagten sich bislang nur die Eltern mit der Herstellung von den für Apulien typischen *orecchiette*, die in ihrer Form kleinen Ohren ähneln und deshalb so heißen, macht sich nun auch der Nachwuchs an die Teigwaren.

In der Versuchsküche, die sich gleich neben der kleinen Kapelle der *masseria* befindet, herrscht eine Atmosphäre ruhigen Arbeitseifers. Draußen ist frühe Dunkelheit hereingebrochen. So hell und warm Herbst- und Wintertage in Apulien sein können, so empfindlich kühl wird es, sobald die Sonne hinter den alten Olivenbäumen verschwunden ist. Umso schöner ist es jetzt in der warmen Küche, der steinerne Böden, weiß verputzte Wände und ein gemauerter Kamin eine Atmosphäre beruhigender Dauerhaftigkeit verleihen. Hier eignen sich Eltern und Kinder gemeinsam die Kenntnisse und Fertigkeiten an, die sie befähigen sollen, auch zu Hause so gut zu essen wie im Südosten Italiens.

Cosimo Massaro plaudert dazu. Zweihundert verschiedene Sorten *pasta* gibt es in Italien, erklärt er. Doch tatsächlich ist ein schlichter Unterschied der gravierendste. »Im reichen Norden machen die Leute *pasta* mit Eiern«, erklärt Cosimo. Im wirtschaftlich weniger gesegneten Süden reichten den Menschen hingegen Hartweizengrieß und Wasser. »Bei uns ist alles einfacher, auch die Nudeln«, so Massaro, der in London, New York und auch in Hessen schon gekocht hat, aber aus Apulien stammt. Ein Kilogramm Hartweizengrieß und einen halben Liter warmen Wassers verwandelt er nebenbei in einen Teig. Ein Teelöffel Zucker sorgt dafür, dass der einen schönen goldenen Farbton annimmt. »Sonntags steht immer einer früh auf, meistens die Oma, und macht ein oder zwei Kilogramm *pasta*.« Ernst hören die Kinder zu. Man sieht förmlich, wie vor Giulios innerem Auge die Oma am Sonntag im Morgengrauen in der Küche erscheint, über die auf Leckerbissen hoffenden Katzen steigt, die Blusenärmel aufrollt, schließlich mit Schüssel, Wasser, Hartweizengrieß und Nudelholz hantiert und langsam hinter einer Wolke aus Mehl verschwindet. »Toll«, flüstert er.

Doch noch bevor die Oma von ihren neuen Aufgaben erfährt, darf Giulio selbst ran. »Kneten, bis der Teig geschmeidig ist«, lautet Cosimos Anweisung. Die drei Kinder machen sich ans Werk, drücken und kneten und verteilen Teigkrümel gleichmäßig über Körper, Kleidung und Arbeitsplatte. Schnell stellen sie fest: Das ist ganz schön anstrengend. »Wie eine Maschine muss man kneten«, erläutert der Koch, streicht Krümel zusammen und formt den Teig zu einer ordentlichen Rolle, so dick wie ein Stangenbrot. Die schneidet er in Scheiben, aus denen er wiederum dünne Rollen formt. Jedes Kind bekommt eine davon. Mit dem stumpfen Messer schneiden die Kinder nun kleine Stücke von der Rolle, drücken sie platt und rollen sie um ihre Daumen. Das Ergebnis: Nudeln, deren Form ein wenig an die Ohren sehr kleiner Mäuse erinnert. »Zu schwierig!«, findet Giulio, während die beiden Mädchen sich hingebungsvoll der Produktion äußerst akkurater Öhrchen widmen.

Cosimo Massaro weiß Rat. Er holt die Gitarre hervor. Im Alltagsleben ist sie des Knaben Lieblingsinstrument, das ihn nun auch in seiner für den Küchengebrauch adaptierten Form – als Holzrahmen, über den dünne Drahtsaiten gespannt sind – sofort begeistert. Massaro reicht ihm den Teig, den das Kind nun mit einem Stab über die *chitarra* streicht. Langsam drückt es so den Teig durch die Saiten. Zur Freude des jungen Kochs lösen sich lange *spaghetti* aus dem Rahmen. »Die habe ich selbst gemacht«, verkündet er stolz.

Allen ist jetzt warm geworden. Strickjacken fliegen über Stuhllehnen, die Großen lassen sich kühlen Spumante nachschenken. Jetzt stehen *panzerotti pugliesi* auf dem Programm: Teigtaschen, die mit *mozzarella* und Tomaten gefüllt und in der Pfanne gebacken werden. Ein Kilogramm Mehl, dreißig Gramm Hefe, dreißig Gramm Olivenöl und dreißig Gramm Salz vermischt Cosimo wie zuvor den *Pasta*-Teig direkt auf dem Tisch. »Ich mache alles mit den Händen, ich brauche keine Küchenmaschine«, sagt er. Die Kinder finden das gut. Der hohe Anteil an Handarbeit, dazu die Abwesenheit von Ermahnungen, bloß nicht zu kleckern und nichts anzufassen, bilden nicht den kleinsten Teil ihres Vergnügens am Kochkurs.

Während der *Panzerotti*-Teig wegen seines Hefeanteils ein halbes Stündchen ruhen muss, lernen die Erwachsenen, wie man Fisch auf apulische Art zubereitet, nämlich leicht gesalzen, mit Kirschtomaten und Kartoffelscheiben im Ofen. Unterdessen widmen sich die Kleinen weiteren Lieblingsspeisen. Dazu gehört neben *pizza* und *pasta* natürlich auch Schokolade. Mit leidenschaftlichem Ernst rühren sie in flüssiger Schokolade, lecken Löffel ab und füllen die Masse in Formen. Bald schon sind Schokoladekleckse überall: auf Händen, Gesichtern, Schürzen, dem Tisch und in den Haaren. Dies ist eine Materialschlacht, doch für unser Kind wird der Eingriff in die Produktion dunkler Schokolade eine der eindrücklichsten Erfahrungen dieser Reise.

Die Schokolade kommt in den Kühlschrank. Unterdessen sind die *pizze* fertig geworden. Cosimo Massaro zieht sie aus dem Ofen und legt sie auf Holzbretter. Zufrieden betrachtet Giulio sein Werk: würzige Salami, duftender Schinken und *mozzarella* auf dünnem Teig; die Ränder knusprig, das Innere saftig: »Genau wie ich es am liebsten mag«, erklärt er.

Die Kinder verschlingen ihre *pizze* als Vorspeise schon in der Küche. Später werden die übrigen Früchte unserer Gemeinschaftsarbeit im Restaurant serviert: weiche *panzerotti, orecchiette con radicchio e burro* (mit Chicorée und Butter), *melanzane parmigiana* (Auberginenauflauf) und der Fisch aus dem Ofen. Die Schokoladenpralinen hat man uns in weiser Voraussicht für spätere Gelegenheiten in eine Schachtel gepackt. Ganz leicht ist dieses Festmahl nicht, dafür aber umso köstlicher. Die Kinder halten trotz vorgerückter Stunde und üppiger Probier-*Pizza* in der Küche bei heiterer Laune durch. Die Eltern denken: Das Leben kann einfach sein und gut.

Der Retter des Granatapfels

Paolo Belloni hat es sich zur Aufgabe gemacht, vergessene Arten zu bewahren

Ein Kakipflaumenbaum voller orangefarbener Früchte, ein Pfirsichbaum mit leuchtend roten Frühherbstblättern, eine Wand aus Feigenkakteen, Büsche von duftendem Thymian, Oregano, Rosmarin und Minze. Inmitten dieser Pracht steht Paolo Belloni in der hellen Morgensonne und lacht verschmitzt. Sein sonnengebräuntes Gesicht mit den funkelnden Augen sieht aus, als würde er das häufig tun. Er hat allen Grund dazu: Belloni ist ein Mann, der sein persönliches Paradies nicht nur gefunden hat. Er hat es sogar selbst geschaffen.

Fünfzig Sorten Granatäpfel, Hunderte von Feigenarten, dazu Olivenbäume, Wein und Dattelpalmen – der Südosten Italiens bringt nicht nur Feinschmecker und Genießer, sondern auch Botaniker ins Schwärmen. »Apulien besitzt einen Riesenfundus an unerforschtem genetischen Material«, weiß Paolo Belloni. Dieses Wissen veranlassten ihn und seine aus Paris stammende Frau Monique, im Jahr 2004 von Mailand nach Apulien zu übersiedeln: um alte Pflanzenarten zu studieren, die hier noch in großer Zahl zu finden sind. Seither spürt er vergessene Arten auf und baut sie – streng biologisch und bewässert mit im alten Zisternensystem gesammeltem Regenwasser – in seinen in der Nähe von Cisterno im Herzen des Valle d'Itria gelegenen Giardini di Pomona an.

Auf einer Anhöhe erheben sich die Kegeldächer zweier *trulli* zwischen hohen Bäumen. Vor ihnen erstrecken sich von geschichteten Steinmauern eingefasste Wiesen und Felder. Erst jenseits eines Olivenbaumhains liegt das nächste Anwesen auf einem Hügel in der vom dritten Jahrtausend kaum berührten Landschaft.

Paolo Belloni ist indessen nicht wegen des ländlichen Friedens hier – oder zumindest nicht nur. Die Sorge um das dramatische Schwinden botanischer Vielfalt hat ihn vom urbanen Norden in den *mezzogiorno* gezogen. Dass auf Wochenmärkten heute meist nur eine Sorte Granatäpfel verkauft wird – wenn überhaupt –, macht Belloni zu schaffen. Über Supermärkte möchte er gar nicht erst sprechen. Der Preis, den wir für die Maschinisierung der Landwirtschaft und die Bequemlichkeit unserer Lebensgewohnheiten zahlen, ist das Schwinden floraler Artenvielfalt. Belloni ist nicht willens, dies tatenlos hinzunehmen. Er experimentiert, züchtet und baut an: Zitronen von fingerartigem Wuchs, Mispeln, Granatäpfel, insgesamt mehr als achthundert meist alte Sorten von Obstbäumen – und weit über dreihundert Sorten Feigen, aus so unterschiedlichen Gegenden wie Apulien und Afghanistan. Es ist die wohl größte Sammlung von Feigensorten in Italien.

Diesen Bäumen gehört die ganze Leidenschaft

Bellonis. Von Haus aus Fotograf, blühte seine Leidenschaft für Pflanzen lange im Schatten seines Hauptberufs. 1993 beschloss er, seinen Job aufzugeben und einen nationalen Verband zur Förderung der Biodiversität von Obstbäumen zu gründen. Name: Pomona Onlus, nach der für den Schutz von Gärten zuständigen römischen Göttin. Er reiste kreuz und quer durch Italien, nahm Kontakt zu botanischen Instituten und Fakultäten auf, um Experten zu vernetzen. Zugleich brachte er Kleinbauern, Sammler und Hobbygärtner zusammen in dem Wissen, dass alte Sorten vor allem bei ihnen zu finden sein würden. Mit dem Projekt rannte er offene Türen ein. Zur ersten öffentlichen Veranstaltung, die er organisierte, kamen mehr als tausend Menschen. »Es waren viele ältere Leute da. Sie freuten sich wie Kinder, als sie Früchte wiederentdeckten, die sie aus ihrer Kindheit kannten, aber seit Jahrzehnten nicht mehr gesehen hatten.«

Anfangs, noch in Mailand, suchte er mithilfe von Telefon und Computer nach raren Sorten. Doch allzu viel Lebenszeit verstrich dabei im Büro. »Ich war es leid, immer am Schreibtisch zu sitzen.« Hinzu kam die Gewissheit, mit dem Norden fertig zu sein. Die dortigen Arten waren entweder gerettet – oder bereits ausgestorben. Es blieb der Süden, wo ein Riesenfundus an unerforschtem genetischem Material darauf wartete, ausgewertet zu werden. Die Reisen an den Stiefelabsatz packten ihn und seine Frau so sehr, dass sie beschlossen, Apulien zu ihrer Heimat zu machen.

Sechzig Grundstücke schauten Paolo und Monique sich an, bevor sie das richtige fanden: zehn Hektar Land in ländlicher Abgeschiedenheit mitten im Tal der *trulli*, wie das Valle d'Itria auch genannt wird. Das Grundstück ist von jenen Mauern eingefasst, von denen man nicht weiß, ob sie hundert Jahre alt sind oder dreihundert – nur dass die Menschen sie aus Steinen errichteten, die sie von den Feldern sammelten, um hier überhaupt etwas anbauen zu können. Auf dem Land wuchsen bereits Feigenbäume, sogar unterschiedliche Sorten.

»Apuliens Bauern wissen noch, dass Artenvielfalt wichtig ist«, sagt Belloni. Nicht nur um ihrer selbst willen, sondern aus ganz pragmatischen Gründen: Eine Sorte eignet sich besonders, um Sirup daraus zu machen, die nächste zum Trocknen und eine dritte ist, frisch geerntet, zum sofortigen Verzehr bestimmt. Diese Feige ist so süß, aromatisch und saftig, dass es nur einen Weg gibt, sie zu verarbeiten: Man verschlingt sie mit Stumpf und Stiel und leckt sich anschließend die Finger ab. Auch äußerlich ist das Spektrum groß: Manche Feigen sind dunkellila wie klein geratene Auberginen, andere dunkelblau wie Pflaumen, leuchtend rot, goldgelb oder hellgrün – und auch alle Farbschattierungen dazwischen kommen vor.

Auch in seiner Wahlheimat studiert Paolo Belloni Zeichnungen aus dem 17., 18. und 19. Jahrhundert, um alte Sorten ausfindig zu machen. Tatsächlich können botanische Darstellungen den Weg in die Geschichte der Pflanzen weisen: so wie ein

Werk von Domenico Del Pino, das, 1826 entstanden, eine spät blühende Sauerkirsche zeigt. Sie galt als ausgestorben und wäre ohne das Bild womöglich auch vergessen worden. Anfang der neunziger Jahre fand aber ein Botaniker ein Exemplar an einem Flussufer im Piemont.

Belloni kennt viele solcher Geschichten, nicht wenige Funde sind ihm selbst geglückt. Seine Augen blitzen unter dem dichten grauen Schopf, wenn er von diesem Teil seiner Arbeit spricht. Seine Aufregung, tatsächlich eine verloren geglaubte Art wiederzufinden, gleicht der eines Zoologen, der ein Exemplar einer äußerst gefährdeten Seekuh entdeckt. Er erzählt von einer uralten Feigensorte, die schwarze, aromatische Früche trägt: Ficus luv heißt sie und war früher in der Gegend um Piacenza verbreitet. Dreißig Jahre lang suchte ein Bauer aus Piacenza in der Emilia Romagna nach der Frucht, von der seine Großmutter ihm erzählt hatte; eine Handvoll der Bäume gibt es noch in Italien, und einer davon steht in Bellonis Garten.

Dass Archäologen getrocknete Feigen in antiken Gefäßen gefunden haben, die vor elftausend Jahren gefüllt wurden, ist für Belloni nicht nur ein Faszinosum, sondern auch Ansporn, alte Kulturpflanzen und Weggenossen des Menschen zu pflegen und zu bewahren. Längst hat Belloni die Ergebnisse seiner Studien veröffentlicht, »Fichi di Puglia« heißt sein Buch, die Feigen Apuliens. Er verbringt viel Zeit in den entlegenen Winkeln

Apuliens, um vergessene Feigensorten zu suchen; in überwucherten Gärten und hinter halb verfallenen *trulli*. Und natürlich in den eigenen Gärten, die eher ein Konservatorium alter und rarer Arten sind – mit dem Fokus auf Feigen, neben Olivenbäumen, Wein, Granatäpfeln und Dattelpalmen eine der ersten Kulturpflanzen, die der Mensch anbaute, als er sesshaft wurde.

Ihren Garten öffnen Paolo und Monique auch für die Öffentlichkeit. Vor allem Schulklassen kommen. Die Kinder sollen lernen, dass die Natur ihrer Heimat noch viel reicher ist, als es der Besuch auf dem Markt ahnen lässt. Zur Illustration dieser Wahrheit hat Belloni auf den Stamm eines »Katalogbaums« beispielhaft die kleine Auswahl von dreizehn verschiedenen Feigensorten gepfropft. Erst wenn junge Menschen die Vielfalt der Flora kennen, weiß Belloni, können sie sie auch schätzen und für eine weitere Generation erhalten.

Einen Hang des Anwesens hat er ganz der Natur überlassen. »Alles, was hier wächst, kam von selbst.« Wilde Oliven- und Kirschbäume, aber auch Fenchel und Minze scheinen hier aus den Steinen zu wuchern, die Bauern vor langer Zeit vom Boden sammelten und aufeinander schichteten; Belloni ließ auch die Mauern, wie er sie vorgefunden hatte. Dass die Kultivierung des Landes in Apulien eine ganz eigene Schönheit hervorgebracht hat, würde er niemals bestreiten.

Doch er sieht stets auch die Kehrseite der Medaille. »Landwirtschaft ist immer nur eine Vereinfachung der Natur. Wir ersetzen eine Vielzahl von Arten, die alle miteinander in Verbindung stehen, durch ein einziges Samenkorn, auf das wir unsere ganze Konzentration richten.« Das wäre nicht so schlimm, ginge dabei nicht Unersetzliches verloren: Arten, aber auch unterschiedliche Geschmäcker und Aromen. Um den verbleibenden Sorten Raum zu geben, aber auch, um Kulturpflanzen vor Krankheiten zu schützen, sei es so wichtig, im Agrarland immer auch wilde Flächen zu belassen.

Die meisten Landwirte können sich aber schlicht nicht leisten, Teile ihrer Flächen der Natur zu leihen – auch wenn der Schutz der Umwelt nicht nur der Natur nutzt, sondern in erster Linie dem Menschen. Die Technologiebegeisterung des 20. Jahrhunderts lässt sich ebenso wenig umkehren wie die konsequente Arbeitsteilung einer Gesellschaft, in der einige wenige die Lebensmittel für alle anderen herstellen. »Bis in die fünfziger Jahre stieg die Artenvielfalt kontinuierlich an«, sagt Belloni. »Dann wurde nur noch angebaut, was sich mit Traktoren und Erntemaschinen bearbeiten lässt.« Dass der Mensch sich den Erfordernissen seelenloser Maschinen unterwirft, will ihm nicht in den Kopf. Aber auch der kuriose Wunsch der Konsumenten nach perfekt geformten Früchten habe nicht wenigen Arten den Garaus gemacht. »Im Mittelalter gab es keine perfekt symmetrischen Formen. Heute muss man in Italien suchen, um einen Baum zu finden, der asymmetrische Früchte trägt.«

Die großzügige Verwendung von Chemikalien in der Landwirtschaft, die ebenfalls in den fünfziger Jahren begann, bedeutete einen weiteren tiefen Eingriff in die Natur. Für einen Augenblick ist das strahlende Lächeln von Bellonis Gesicht verschwunden. »Im Grunde war das der Anfang vom Ende.«

Er weiß, dass die Zeit sich nicht zurückdrehen lässt. Aber auch, dass es noch immer möglich ist, es besser zu machen: Arten erhalten, die Umwelt schützen, das Bewusstsein der Menschen schärfen für die Probleme, aber vor allem für die Freuden der Natur. Mittlerweile gehört auch ein kleiner *agriturismo* zum botanischen Garten. Drei kleine Apartments für zwei bis vier Personen sind auf dem Land verteilt, sie tragen die Namen von Feigen: Panaché, Vernèa, Dottato.

Noch im Spätherbst steckt der botanische Garten der Bellonis voller Wunder. Mispeln sind das vorletzte Obst im Jahr, das reif wird, bevor die Orangen den Erntereigen beschließen. Oder vielmehr: Sie waren das letzte, das reif wurde, als sie noch in jedem Garten wuchsen. Die vitaminreichen Früchte, die einst im Süden fester Bestandteil des Weihnachtsfestmahls waren, sind aus der Mode gekommen. »Es gibt praktisch niemanden mehr, der Mispeln zu Marmelade verarbeitet, und deshalb auch keinen, der sie verkauft.« Einzelne wilde Mispelbäume, meist breiter als hoch gewachsen, sieht man noch neben verfallenden *trulli*. Sie erinnern daran, dass diese Pflanze einst so fest in Kü-

Google kennt jeden Ort?
Unsere Autoren waren selber dort
Picus Lesereisen

Transsibirische Eisenbahn
Andreas Wenderoth,
Mit Ach und Krach nach Wladiwostok.
Transsibirische Reise
978-3-85452-724-4

Triest/Friaul
Susanne Schaber,
Lesereise Friaul/Triest.
Großes Welttheater auf kleiner Bühne
978-3-7117-1012-3
E-Book 978-3-7117-5094-5

Tschechien
Klaus Brill,
Lesereise Tschechien.
Leise schlägt das Moldauherz
978-3-7117-1002-4
E-Book 978-3-7117-5033-4

Neu

Türkei
Christiane Schlötzer,
Lesereise Türkei.
Jenseits von Galata, im Übermorgenland
978-3-7117-1065-9
E-Book 978-3-7117-5314-4

Ungarn
Cornelius Hell,
Lesereise Ungarn.
Donaublick und Pusztatraum
978-3-7117-1039-0
E-Book 978-3-7117-5181-2

Vatikan
Christina Höfferer,
Lesereise Vatikan.
Mit der roten Vespa zum Petersplatz
978-3-7117-1063-5
E-Book 978-3-7117-5312-0

Venedig
Gaston Salvatore,
Einladung zum Untergang.
Venezianische Hintertreppen
978-3-85452-729-9

Venetien
Susanne Schaber,
Weit hinten lacht die Ewigkeit.
Streifzüge durch Venetien
978-3-85452-954-5
E-Book 978-3-7117-5132-4

Vietnam
Elle Macchietto della Rossa,
Lesereise Vietnam.
Aufsteigender Drache am Roten Fluss
978-3-7117-1045-1
E-Book 978-3-7117-5208-6

Vilnius
Cornelius Hell,
Der eiserne Wolf im barocken Labyrinth.
Erwachendes Vilnius
978-3-85452-951-4
E-Book 978-3-7117-5126-3

Wales
Michael Bengel,
Der Ritter mit der Web-Adresse.
Walisische Panoramen
978-3-85452-917-0
E-Book 978-3-7117-5121-8

Wien
Christoph Braendle,
Liebe, Freud und schöner Tod.
Wiener Sonaten
978-3-85452-708-4

Zypern
Knut Diers,
Lesereise Zypern.
Aphrodites liebster Badeplatz
978-3-7117-1021-5
E-Book 978-3-7117-5113-3

che, Lebensgewohnheiten und der Erde Apuliens verwurzelt war wie der Olivenbaum.

Der Esel am Bett

Die Felshöhlen von Matera waren einst der »Schandfleck Italiens«. Heute sind sie UNESCO-Weltkulturerbe

Hinterm Esstisch ist der Esel angebunden. Seine Futterkrippe ist in den Felsen geschlagen. An den Wänden hängen Werkzeug und eine Öllampe; über einer von der Frau als Mitgift in den Hausstand eingebrachten Kommode dienen ein Engel und das Hochzeitsbild der letzten Bewohner dieser Höhle als einziger Schmuck. Ein Bett, am Fußende eine Wiege.

Fenster gab es nicht. Wenn die Hitze des Sommers kalten, klammen Wintern wich, lebten die Menschen in Matera in ihren Höhlen ohne natürliches Licht. Heute ist die Felsenwohnung ein Museum, der Esel nur Attrappe; bis in die fünfziger Jahre aber war das Wohnen im Felsen am Rand Materas Realität. Hoch über dem Flusstal des Gravina di Matera liegen die Höhlen am Rand der Stadt im Tuff- und Sandstein einer Schlucht. Um sie zu sehen, muss man buchstäblich in einen Abgrund blicken.

Die Fassaden, hinter denen sich die seit vielen Jahrhunderten bewohnten Höhlen verbergen, leuchten golden in der Sonne des Nachmittags. Blumentöpfe schmücken die Treppen, die die Felsenwohnungen am Berghang miteinander verbinden. Am Himmel kreisen Turmfalken. Abends ist die Stille geradezu fühlbar.

Die Basilikata im entlegenen Süden Italiens ist noch immer eine Region, die vom übrigen Italien abgekoppelt scheint – und ein bisschen auch vom Rest der Welt. Und das nicht nur, weil auch vom benachbarten Apulien nur eine Straße und von Bari eine Schmalspurbahn über Altamura herführt. Bis 1663 gehörte Matera zum apulischen Otranto; erst dann wurde es zu einem Teil Lukaniens, der heutigen Region Basilikata. Ein Ausbau der Bahnstrecke bis ins zweihundertvierzig Kilometer weiter westlich gelegene Neapel ist geplant. Seit Längerem.

Dass erst Rom und dann die Welt schließlich doch aufmerksam wurde auf das archaische Leben im alten Matera, ist Carlo Levi zu verdanken. Der aus Turin stammende Arzt und Journalist wurde 1933 aus dem Norden in die ferne Basilikata verbannt: einen vergessenen Winkel Italiens, der Strafe durch Isolation bedeutete. Grund für die Strafe war allerdings weniger sein Arztberuf als seine antifaschistische Gesinnung.

Zwei Jahre verbrachte Levi neunzig Kilometer von Matera entfernt im auf einem Bergrücken gelegenen Dorf Aliano. Das war genug Zeit, um hier in jeden Abgrund zu schauen. Und es bedeutete reichlich Material für ein Buch über die gottverlassene Gegend. Aus Gründen der Diskretion – oder vielmehr zur notdürftigen Verschleierung der Fakten – gab Levi seinem Exil darin den Namen Gagliano statt Aliano.

Hier beobachtete Levi den Alltag im entlegenen Süden. Er sah ein fremdes Land, auf das die Sonne im Sommer unbarmherzig brannte und das im Winter erstaunlich ungemütlich werden konnte, ein Land, in dem die Bauern kaum anders lebten als tausend Jahre zuvor. Ihr Dasein erschien dem Arzt aus dem Norden wie aus der Zeit gefallen: Es gab keine Wasserleitungen, keine Straßen, die den Namen verdienten, und bis zu seiner Ankunft keinerlei medizinische Versorgung.

Vor allem aber gab es keinen Hinweis darauf, dass sich an diesen Zuständen jemals etwas ändern würde. Wer überhaupt die Kraft besaß, sich aus diesem Dasein emporzustemmen, der ergriff die Flucht, vorzugsweise gleich bis nach Amerika. Von dort schickten die Entkommenen Carepakete in die Heimat. »Sie nehmen gern, was aus New York kommt«, schrieb Levi, »wie sie auch gern nehmen würden, was etwa aus Rom käme. Aber aus Rom kommt nie etwas.«

In Sasso Caveoso und Sasso Barisano, den von Höhlen durchlöcherten Wänden der vierhundert Meter tiefen Schlucht von Matera, war die Lage nicht weniger desolat. Was von außen noch aussehen mochte wie die Fassaden von Häusern, waren in Wahrheit zurechtgezimmerte Bretter und Türen, hinter denen sich in Felswände gegrabene Höhlen verbargen. Feucht und schimmelig waren diese Behausungen, Malaria und Tuberkulose grassierten, die Kindersterblichkeit lag bei fünfzig Prozent. Mensch und Tier hausten zusammen auf engstem Raum.

Das Leben schien hier vom 20. Jahrhundert gänzlich unberührt. »Die Türen standen wegen der Hitze offen, und ich sah in das Innere der Höhlen, die Licht und Luft nur durch die Türe empfangen. Einige besitzen nicht einmal eine solche; man steigt von oben durch Falltüren und über Treppchen hinein. In diesen schwarzen Löchern mit Wänden aus Erde sah ich Betten, elenden Hausrat und hingeworfene Lumpen. Auf dem Boden lagen Hunde, Schafe, Ziegen und Schweine. Im Allgemeinen verfügt jede Familie nur über eine solche Höhle, und darin schlafen alle zusammen, Männer, Frauen, Kinder und Tiere.« So schildert Levis Schwester, ebenfalls Ärztin, die aus Turin gekommen ist, um ihren Bruder zu besuchen, ihre Beobachtungen bei einem Zwischenstopp in Matera. Vor allem der Zustand der Kinder erschütterte sie: »In der Hitze, im Staub, fliegenumschwärmt tauchten sie von allen Seiten auf, entweder ganz nackt oder mit ein paar Lumpen bekleidet. Ich habe noch nie ein solches Bild des Elends erblickt …«

Seine Erlebnisse als Arzt und Exilant in der Basilikata in Aliano verarbeitete Levi in seinem Buch »Christus kam nur bis Eboli«, in Anlehnung an die letzte Stadt Kampaniens vor der Grenze zur vergessenen Region. Erst nach dem Ende von Faschismus und Weltkrieg konnte Levi sein Buch veröffentlichen. Da schlug es ein wie eine Bombe und wurde bald in siebenunddreißig Sprachen übersetzt. Mit dem Erfolg wuchs der politische Druck, etwas gegen die verheerenden Lebensbedingungen der Menschen im tiefen Süden zu unternehmen. Da kam plötzlich doch etwas aus Rom: der Wille nämlich, diesen peinlichen Fleck von der weißen Weste Italiens zu wischen.

1953 begann die Evakuierung der dreitausendachthundert Felsenwohnungen Materas – der Staat hatte sie kurzerhand konfisziert –, in denen fünfzehntausend Menschen und ungezählte Tiere hausten. Die Menschen, die hier ohne Zeit, aber auch ohne Zukunft gelebt hatten, zögerten, das Vertraute gegen das Unbekannte zu tauschen. Man erleichterte ihnen die Entscheidung, indem man sie ihnen abnahm.

Die Höhlenbewohner erhielten Wohnungen in mehrstöckigen Neubauten, versuchten, ihre Tiere mit dem Aufzug nach oben zu transportieren und pflanzten in der Badewanne Basilikum. Diese Anpassungsschwierigkeiten sind heute nur mehr eine Fußnote der Geschichte. Bis 1968 waren alle Bewohner in ein Neubauviertel der Stadt umgesiedelt, die heute sechzigtausend Einwohner zählt. Die Menschen richteten sich ein in einem neuen Leben mit Fenstern, Küchen und Kanalisation.

Doch mit der Gewöhnung an diese Errungenschaften kam die Scham über das alte Leben. Die evakuierte Generation erzählte ihren Kindern nichts vom Leben in den Sassi. »Die heute Fünfzig- bis Sechzigjährigen wussten nichts davon«, erklärt Angela, eine sehr viel jüngere Frau, die heute Besucher durch die Höhlenstadt führt.

Dass die erste in festen Häusern geborene Generation in fortgeschrittenem Alter doch noch vom Alltag ihrer Eltern und Großeltern erfuhr, dass sie die Sassi heute mit Stolz betrachtet; dass sie schließlich sogar lernte, das traditionelle Brot aus hiesigem Hartweizen zu backen und auch die Suppe aus unterschiedlichen Hülsenfrüchten, die einstmals die Diät der Menschen dominierte, gelegentlich wieder zubereitet – das alles sind nicht die geringsten Verdienste des UNESCO-Titels.

1993 nahm die Kulturbehörde der Vereinten Nationen die seit der Jungsteinzeit nahezu ununterbrochen bewohnten Höhlenwohnungen als Sassi di Matera in die Liste des Weltkulturerbes auf: als eine der ältesten Siedlungen der Welt und als das Zeugnis einer Symbiose von Mensch und Land, wie sie nur an wenigen Orten bis in die Neuzeit überdauert hat. Aliano, Levis Exil, erhielt von der UNESCO die Anerkennung als Parco Letterario Carlo Levi, zu deutsch Literaturpark Carlo Levi. Ein Museum erzählt hier vom Leben der Bauern, wie der Autor es beobachtete.

Nachdem die Höhlen Materas jahrelang leer gestanden hatten, waren sie in den siebziger Jahren zunächst von Hippies wiederentdeckt worden. Sie übernahmen sie unrenoviert, aber auch uneingeladen. Bald darauf entdeckte die Wissenschaft die Behausungen. Eine Untersuchung über Wasserspeicher im ländlichen Süden brachte die erstaunlichen Ingenieursleistungen zutage, die einfache Bauern hier vollbracht hatten. Denn Matera befindet sich auf einer wasserfesten Schicht aus Ton. Die Bewohner waren darauf angewiesen, Wasser zu speichern, wo immer sie seiner habhaft wurden. Sie legten ein Netz unterirdischer Kanäle an, um Regen, Tau- und Quellwasser gefiltert in eine Zisterne am tiefsten Punkt der Stadt zu leiten.

Allerdings befand sich dort, wo heute ein harmloses Sträßchen liegt, auch die Kloake. Bei großer Hitze stieg niemand gerne zur Zisterne hinab, bevor die Höhlenstadt 1939 ans Wassernetz Apuliens angeschlossen wurde.

Bis zur touristischen Erschließung vergingen auch dann noch viele Jahre. Heute leben vierhundert Menschen in den Sassi, deren Höhlenhäuser man für neunundneunzig Jahre vom Staat pachten kann. Viele sind bereits saniert und dienen als Weinlager oder außergewöhnliche Ferienwohnungen; ein paar sind zu atmosphärischen Hotels oder Restaurants umgestaltet, aus anderen wurden Künstlerateliers.

Das gelbe Brot *pane di Matera* aus Hartweizengrieß ist – ebenso wie das *puré di fave,* zu Püree gekochte dicke Bohnen, die früher an Festtagen mit Schweine- oder Lammfleisch angereichert wurden – heute nicht mehr Symbol der Armut, sondern lokale Spezialität. Es wird im Ofen mit dem Feuer von Mandel- und Olivenbaumholz gebacken; Besucher probieren es, trinken ein Gläschen Wein dazu und schlendern weiter durch schmale Gassen. Sie schauen in Felsenkirchen wie die im 9. Jahrhundert erbaute Santa Lucia alle Malve. Eines ihrer Schiffe wurde bereits im 17. Jahrhundert in Wohnungen verwandelt. Sie klettern über Dächer und Treppen bis zu dem kleinen Platz am Fuß der Stadt, an dem einst das Wasser gesammelt wurde.

Als schön und authentisch zu empfinden, was den Menschen einst harte Lebensrealität war (und nicht selten immer noch ist), gehört hier so zuverlässig zu den Paradoxen touristischer Betrachtung fremder Welten wie anderswo auch – und trägt zugleich doch maßgeblich zu ihrem Erhalt bei. Die Zahl der Souvenirgeschäfte wird weiter steigen. Als Europäische Kulturhauptstadt des Jahres 2019 kann Matera sich auf mehr Mittel zu Erhalt und Pflege der Bausubstanz freuen, auf neuen Ruhm und womöglich auch auf einen festen Platz auf den Routen der Reisenden durch den Süden.

Mit den Ehrungen kommen die Besucher, vorher schon waren die Filmcrews da. Pier Paolo Pasolini drehte 1962 in Matera »Das erste Evangelium – Matthäus«. In den Bewohnern der Gegend fand er von einem archaischen Dasein geprägte Menschen, wie er sie sich als Komparsen für seine Verfilmung des Lebens Jesu nach dem Matthäus-Evangelium besser nicht wünschen konnte. Die Szene der Geburt Jesu drehte Pasolini in den Sassi. Auch Mel Gibson realisierte viele der Außenaufnahmen zu seinem Film »Die Passion Christi« im Jahr 2002 in den Sassi der Schlucht von Matera. Mit der Leidensgeschichte Christi wählte auch Gibson den Stoff, zu dem diese Kulisse passt wie kaum eine andere Gegend.

Öl auf meiner Haut

Vom Haus- zum Allheilmittel: Olivenöl ist nicht nur bei innerlicher Einnahme gesund

Ihre knorrigen Stämme verleihen der Landschaft eine Aura beruhigender Dauerhaftigkeit. So viel hätten die Bäume zu erzählen – wenn sie es denn nur könnten. Nicht wenige standen hier schon, als Christoph Kolumbus seiner Heimatstadt Genua verdrossen den Rücken wandte; einige waren da sogar schon alt. Zumindest nach menschlichen Maßstäben.

Mit einer Lebensspanne von mehreren Hundert Jahren sind diese Olivenbäume nicht nur eindrucksvoll, sondern unbedingt vorbildlich. Denn nicht nur, dass viele von ihnen ein so hohes Alter erreichen ist bemerkenswert. Vor allem, dass sie im Lauf der Zeit beständig an Stärke gewinnt statt an Vitalität einzubüßen, lässt Menschen neidvoll auf die langlebige Pflanze blicken. Noch dazu trägt sie immer wieder Früchte und (außer im Salento, wo das Bakterium Xylella das Gegenteil zu beweisen sucht) scheint geradezu immun zu sein gegen die Vergänglichkeit allen irdischen Seins. Dieser Baum ist nicht nur faszinierend anzusehen. Er ist mit diesen Eigenschaften auch wie geschaffen für die Zwecke der Wellness-Industrie, die doch vom Streben nach Jugend, langer Schönheit und dauerhaftem Wohlbefinden lebt.

Olivenöl galt in Apulien seit jeher als Allheilmittel, innerlich wie äußerlich angewandt. In seiner langen Geschichte – bereits im 7. Jahrhundert vor Christus gelangte es im Gepäck der alten Griechen nach Süditalien, die den zuvor bereits bekannten Ölbaum nun systematisch zwischen Bari und Lecce zu kultivieren begannen – wurden seine Früchte nicht nur als Nahrungsmittel geschätzt, sondern auch für Schönheitspflege und medizinische Zwecke sowie als Öl für Leuchten genutzt.

Im späten Mittelalter entstand ein regelrechter Ölboom in jener Gegend, die noch heute den dichtesten Bestand an Oliven in Europa aufweist. Es sind überwiegend dieselben Bäume wie im 14. und 15. Jahrhundert, als man auf Ölbäume Hypotheken aufnehmen und die nächste Ernte verpfänden konnte, wenn es eng wurde. Und noch immer sind ihre Früchte fester Bestandteil der Alltagskultur Apuliens. Nicht nur in der Küche, sondern auch im Spa.

So leuchtete mir gleich ein, dass mein Körper an diesem kühlen Frühlingsabend im Spa dringend mit Olivenpaste behandelt werden sollte. Schließlich hatte ich mir bereits am Morgen Oliven-Shampoo ins Haar massiert und zum Frühstück ein wenig Olivenöl aufs Brot geträufelt. Es duftete gut, es schmeckte noch besser. Es war nur konsequent, wenn nun ein Olivenpasten-Scrub meinen Körper von Schlacken befreien, straffen und polieren würde – »hochwirksam für gestresste Haut«, so stand es auf der Menükarte des Spas.

Ich erfuhr noch mehr. Die kleine schwarze Frucht und ihre Blätter sollen vielerlei Gutes bewirken. Entgiften, straffen, vitalisieren und Fett reduzieren – all das soll die Olive fertigbringen, wird sie nur richtig und vollständig eingesetzt. In den Spas zweier im Hinterland der Adria gelegenen Resorts finden im Rahmen der hauseigenen Oliventherapie Olivenpaste, -öl und die Blätter des Olivenbaums Verwendung. Olivenpaste wirkt entschlackend und aufbauend, weshalb der Körper-Scrub den Auftakt der Therapie bildet.

Essen sollte ich das Zeug aber nicht, warnte Spa-Managerin Angela Ignobile, denn es bestehe aus zerstoßenen Olivenblättern, die mit *sansa* angereichert werden, einem weniger hochwertigen Öl, das aus den nach der zweiten Pressung verbliebenen Oliven gewonnen wird und sich daher zur äußerlichen Anwendung eignet. Angela Ignobile hatte das Konzept zusammen mit ihrem Team ausgeklügelt. Die Rohstoffe waren schon da, besitzen die in zwei benachbarten *masserie* gelegenen Resorts doch prachtvolle Olivenhaine, aus deren Früchten das hauseigene Olivenöl gewonnen wird.

Es folgt ein entgiftendes Dampfbad mit Olivenöl und dem Extrakt von Olivenblättern. Dann wird eine Packung, wiederum auf Olivenpaste basierend, in den Körper massiert, die eine halbe Stunde einwirkt – durch die gleichzeitige Gesichtsmassage mit Olivenöl eine Phase seliger Entspannung.

Nach drei Anwendungen und zwei Gesichtsbehandlungen soll der Gast bereits erheblich – und sichtlich – an Wohlbefinden gewonnen haben. Ich befand mich noch am Anfang des Prozesses, doch das Halbdunkel des Behandlungsraums, der Duft des Öls und die entspannende und entschlackende Massage mit Olivenöl wirkten so rasant verjüngend auf mich, dass ich mich bereits fühlte wie ein liebevoll umsorgtes Baby. Kaum verstand ich, was die Therapeutin von der remineralisierenden Wirkung der *Sansa*-Behandlung sprach, die sie mir für den nächsten Tag in Aussicht stellte. Das Letzte, was ich hörte, bevor ich in Tiefschlaf sank, war ihr Versprechen eines Bades mit Olivenblättern, das der Massage folgen sollte.

Anderntags fühlte ich mich tatsächlich wie neugeboren. Der Blick aus dem Fenster war fast so angenehm wie tags zuvor die Wohltaten im Spa: Hell schien die Sonne auf Garten und Olivenhaine, in der Ferne lag dekorativ ein tiefblauer Streifen Meer, die Vögel sangen, als hätte der vergangene Winter mindestens ein Jahr gedauert. Es ist kein Kunststück, sich vor einem solchen Panorama jünger und erholter zu fühlen. Doch auch der Blick in den Spiegel bewies: Die Oliven hatten zumindest nicht geschadet.

Nun ist es ja so eine Sache mit der Wellness-Industrie. Während niemand ernsthaft bezweifeln wird, dass eine Massage aus Profi-Hand unbedingt eine wohltuende und entspannende Angelegenheit ist, so ist auch in Betracht zu ziehen, dass Wellness mit allem Drum und Dran, der ständig neu ersonnen wird, ein wichtiger Wirtschaftsfaktor der Luxushotellerie ist.

Um einen Zusammenhang herzustellen zwischen Ort und Anwendung, um die Behandlung im Spa als erweiterte Erfahrung des Reiseziels vermarkten zu können, wird in Spas in Mexiko mit den Extrakten der Agave und nötigenfalls auch mit Tequila gearbeitet; in anderen Weltengegenden mit Mangos, Kaffeebohnen oder Zitronengras – mit all dem eben, das draußen vor der Tür wächst.

Das ist eine schöne, oft sehr gut duftende Sache; allerdings sollte der Gast sich darauf gefasst machen, dass er nach der Behandlung ein entspannter, aber vermutlich kein neuer Mensch sein wird. (Es sei denn, ihm wäre in der Trance des Treatments eine Erleuchtung bezüglich der am kommenden Samstag gezogenen Lottozahlen oder eine Idee von ähnlicher Tragweite gekommen.) Denn wäre die Formel des Elixiers für ewige Jugend so offensichtlich, gäbe es weder in Mittelamerika, in Thailand noch im Süden Italiens Gesichter mit Falten.

Die grundsätzlich positive Wirkung hochwertigen Olivenöls auf die Haut ist relativ unumstritten. Es pflegt trockene Haut, es macht sie elastischer und lässt Narben verblassen. Trotzdem raten Dermatologen davon ab, Babyhaut mit Oliven- oder anderen Pflanzenölen zu behandeln. Denn immer enthalten die auch geringe Mengen Proteine, die Allergien auslösen können.

Auch in der Umgebung der Schwester-*Masse-*

rie Torre Coccaro und Torre Maizza finden Oliven nicht ausschließlich in der Küche Verwendung. Im tausendachthundert Quadratmeter großen Vair Spa des bei Savelletri gelegenen Resorts Borgo Egnazia lassen sich die Gäste gerne mit Olivenöl aus hauseigener Herstellung massieren, das sonst auf Weißbrot, Salat oder *pasta* zu überzeugen weiß. Auch Mandelöl und andere Öle aus Süditalien kommen zum Zug.

»Olivenöl besitzt tiefenreinigende Wirkung«, weiß Spa-Direktorin Patrizia Bortolin. »Deshalb stellen wir es in unseren Umkleideräumen sogar zum Abschminken vor der Behandlung zur Verfügung.« Doch das ist noch nicht alles. Das Öl wirke zugleich heilend und kräftigend. Bortolin glaubt fest an seine segensreiche Wirkung: »Olivenöl gibt empfindlicher Haut ihr Gleichgewicht zurück und baut sie auf. So wirkt es der Hautalterung entgegen.«

Aufgrund seiner Inhaltsstoffe – insbesondere der Vitamine und Mineralstoffe – hat das Öl auch den Weg in die hauseigene Haarpflegelinie gefunden. Zusammen mit frischer Zitrone, Salz und Feigenmilch wird Olivenöl außerdem bei Maniküre und Pediküre zur Reinigung und Pflege von Händen und Füßen verwendet.

Bei der *Nagghir*-Massage – *nagghir* ist die apulische Bezeichnung für den Leiter der Ölherstellung – wird der Körper des Gastes achtzig Minuten lang mit Oliven-, Mandel-, Karotten- und Zitronenöl geknetet. Wer Verspannungen loswerden will, liegt mit der Mascior-Massage richtig. *Mascior* wurde im Dialekt der Gegend ein Mensch mit Heilkräften genannt. Bei dieser Massage mittlerer Intensität werden außer Olivenöl auch heiße Tücher verwendet, um Verspannungen zu lösen.

»Wir benutzen für alle Anwendungen unser eigenes Olivenöl, das für den Gebrauch im Spa nicht behandelt wird, damit es leichter oder dünnflüssiger wird. Es würde dadurch an Wirkung verlieren«, erklärt Spa-Direktorin Bortolin. Sie ist davon überzeugt, dass in Apulien altes Wissen lebendig geblieben ist, von dem der Mensch noch heute profitieren kann. Schließlich gebe es hier auch Pflanzenarten, die im Norden des Landes nicht oder nicht mehr vorkommen, und deren Heilwirkungen deshalb anderswo gar nicht bekannt seien.

Um altes apulisches Kräuterwissen zu würdigen (und den lokalen Bezug deutlicher herauszuarbeiten), stammen die Namen aller Treatments im Borgo Egnazia aus dem Dialekt der Region. So hat die Olive wie von selbst den Weg vom Hausmittel in die Spas der örtlichen Luxushotels gefunden. Im Borgobianco Resort & Spa in Polignano a Mare gehört ein Gesichts- und Körperpeeling mit nativem, kalt gepressten Bio-Olivenöl zum Angebot. Anderswo wäre man froh, wenn man das in der Küche verwenden könnte. Für das Peeling werden granulierte Olivenkerne verwendet. So soll es die Haut optimal auf weitere Pflegeeinheiten vorbereiten – optische Verjüngung inklusive.

Sollte dies noch nicht helfen, bleibt immer die

innere Anwendung: ein wenig Brot, ein wenig Olivenöl, dazu ein großes Glas Wein. Bald schon wird das Wohlbefinden in ungeahnte Höhen schnellen.

Krippen und Paläste

An hohen kirchlichen Feiertagen streift sich Lecce ein Gewand aus Pappmaschee über

Am späten Nachmittag steht die Hitze wie eine Wand in den Straßen Lecces. Kaum ein Mensch ist zu sehen. Die Bewohner der Altstadt haben sich hinter dicken Mauern verschanzt. An Einkaufen ist bei diesen Temperaturen nicht zu denken, und so liegt auch der Corso Vittorio Emanuele II noch in leicht verschwitztem Spätnachmittagsschlaf. Verkehrsberuhigt ist die Altstadt sowieso. Das bedeutet, dass Autos nur außerhalb der Geschäftszeiten durch die schmalen, bürgersteigfreien Gassen brausen. Doch selbst für solche harmlosen Vergnügungen ist es jetzt einfach zu warm.

Nur der je nach Tageszeit im Ton von hellem Sand, üppiger Buttercreme oder sattem Gold leuchtende Stein der Paläste scheint unbeeindruckt von der Sonne, die im Salento noch im späten Sommer alles Leben lahmlegt. Langsam schleppen sich die wenigen Besucher durch die Hitze. Es erfordert ihre ganze Konzentration, das köstliche Eis aus dem Café neben dem römischen Amphitheater zu vernichten, bevor es von der Waffel aufs Pflaster tropft.

Ein Luftzug weist den Weg zum Domplatz, der durch einen kurzen Durchlass mit der Straße verbunden ist. Neben dem Corso Vittorio Emanuele II liegt er verborgen: Einer der schönsten Plätze Italiens, Lecces Prunkzimmer. Abends ist die *piazza* Ziel der Flaneure, wie die Piazza Sant'Oronzo mit dem zur Hälfte freigelegten römischen Theater darauf Treffpunkt der Studenten und Nachtschwärmer ist. Nun ist die Piazza del Duomo fast allein mit der Sonne.

Die Öffnung des Corso Vittorio Emanuele II zum Domplatz ist eigentlich ein Torbau, der den Übergang vom Chaos der Altstadt zur symmetrischen, architektonisch wie geistig wohlgeordneten Sphäre des Bischofs markiert; eine Passage von der profanen zur erhabenen Welt und Stein gewordener Moment zum Atemholen, bevor das Auge es mit dem prachtvollen Ensemble rund um den weiten Platz aufnimmt.

Der Dom Santa Maria dell'Assunta, daneben sein mehr als sechzig Meter hoher Glockenturm, auf der gegenüberliegenden Seite der Bischofspalast Palazzo Vescovile und das Priesterseminar mit dem schönen barocken Brunnen im Patio, alles ist ordentlich um die Piazza del Duomo drapiert. Auf Balustraden und über Portalen erheben sich steinerne Figuren und schauen milde auf die Besucher hinab. Wenn sich die *piazza* an Sommerabenden bisweilen in eine Opernbühne verwandelt, haben sie die besten Plätze.

Lecce ist dreitausend Jahre alt und die südlichste Stadt an Italiens Stiefelabsatz. Albanien und Griechenland sind ihr geografisch näher als

Neapel oder das ferne Rom. Doch das kulturelle und wirtschaftliche Zentrum des Salento besitzt mehr als nur den Zauber des Südens. Neben der prachtvollen Piazza del Duomo nämlich auch eine Kirche, so üppig dekoriert wie eine Hochzeitstorte: die Basilica di Santa Croce, das eindrucksvollste Beispiel für Lecceser Barock. Ihre Fassade ist so reich mit sparsam bekleideten Figuren, mit Blumen und Ornamenten verziert, als wäre sie aus Knetgummi geformt. Weitere Attraktionen der Stadt sind Adelspaläste, die noch nicht alle zu Pensionen umgestaltet sind, lebhafte Cafés, Bars, Restaurants und echte Geschäfte: *alimentari* und Boutiquen, Fachgeschäfte für Ballettbedarf und für Öl und Wein aus dem Salento, alte Handwerksbetriebe und neue Galerien.

Das *centro storico* lockt Besucher aus der ganzen Welt, doch haftet ihm nichts Museales an. Die Paläste sind bewohnt wie immer schon. Wo einstmals Kutschen in Höfen standen, sind heute Fiats geparkt. Und wer mit in den Nacken gelegtem Kopf himmelwärts schaut, läuft zwar Gefahr, sich die Schuhe an den Hinterlassenschaften einheimischer Hunde zu ruinieren, erhält aber zugleich eine Ahnung von den Freuden des Lebens im *palazzo*: Begrünte Dachterrassen liegen unter blankem Himmel, Freiluftwohnzimmer, die am Abend vom Licht flackender Kerzen erhellt werden.

Berühmt ist Lecce wegen des ortseigenen Barocks. Die lokale Interpretation der schwelgerischen Architektur des 17. Jahrhunderts ist durch spanische Einflüsse und dank des weichen, gut formbaren Tuffsteins der Region einmalig. Geliebt wird die Stadt aber wegen ihrer Schönheit und ihres Flairs. Und unverzichtbar ist das Epizentrum süditalienischer Sommerhitze ausgerechnet für Weihnachten.

In den Werkstätten und Geschäften der *Cartapesta*-Künstler, die auch an heißen Tagen an Krippenfiguren arbeiten und an ihrer Arbeit vermutlich auch die Aussicht auf kühlere Zeiten schätzen, ist das ganzjährig erkennbar. Hier kauft das internationale Publikum, das sich in der warmen Jahreszeit jäh mit der Erkenntnis konfrontiert sieht, dass in sechs Monaten schon wieder Weihnachten ist. Auf dem Pupi-Markt, der in den zehn Tagen vor dem Fest zwischen der Piazza Sant'Oronzo und dem Castello Carlo V auf die Lecceser Weihnacht einstimmt, schlagen die Einheimischen zu.

Claudio Riso ist einer der bekanntesten unter den jüngeren *Cartapesta*-Künstlern. Mit seinen Brüdern Sandro und Giuseppe pflegt er das traditionelle Handwerk, das eine Zeit lang fast in Vergessenheit geraten war. Ein paar Stufen führen am Corso Vittorio Emanuele in ihr Studio und den Verkaufsraum, in dem die Kunstwerke aus Pappmaschee aufgebaut sind. Hier sind die Brüder Riso regelmäßig bei der Arbeit anzutreffen. Sie restaurieren historische Figuren und leisten mitunter Detektivarbeit, wenn es darum geht zu entscheiden, ob eine alte Engelsfigur einst am Rücken mit der Kulisse verbunden war oder frei im Raum schwebte, nur durch einen Faden gehalten. Authentizität ist bei der Restaurierung ihr oberstes Ziel.

Claudio, Jahrgang 1966, entschied sich früh für das vom Aussterben bedrohte Handwerk. »Als Jugendlicher besuchte ich Antonio Malecore in seinem Atelier«, erinnert er sich. Malecore gilt als Gigant und Altmeister der *cartapesta*. In den späten siebziger und frühen achtziger Jahren war er einer der Letzten, die die alte Kunst noch praktizierten. »Er zeigte mir, mit welchen Materialien er arbeitete, und ließ mich bei der Arbeit zuschauen.« So erlernte Riso die Techniken der *cartapesta*, lange bevor er in der Altstadt seine eigene Werkstatt eröffnete.

Hier gestaltet Claudio Riso Miniaturen aus dem Leben im Salento: Marktstände mit Auberginen, Trauben, Chilischoten in leuchtenden, lebensechten Rottönen und Krügen, in denen der Rotwein schäumt; Alltagsszenen aus dem Leben der Schäfer und Bauern des Südens – und natürlich die Krippen, die von solchen regionalen Bildern flankiert den Zauber süditalienischer Geburtsszenen ausmachen. Aus persönlichem Vergnügen gestaltet der Meister hin und wieder auch filigrane Abbilder von Politikern, detailgetreu bis zum Gesichtsausdruck.

Seit dem 17. Jahrhundert werden bei Prozessionen Skulpturen aus Pappmaschee durch die Straßen getragen – seinerzeit ein bahnbrechendes Novum, das die Umzüge im Wortsinn leichter machte. Denn die sorgfältig gearbeiteten Figuren erwecken zwar den Eindruck, aus schwerem Holz geschnitzt zu sein. Doch ihr Gewicht ist so gering, dass es fortan wesentlich leichter war, die Figuren der Heiligen an ihren Ehrentagen und in der Karwoche durch die Straßen zu tragen.

Wenn sich das Jahr neigt, stehen in den meisten Lecceser Wohnzimmern Krippen mit Personal aus *cartapesta*. Ein Drahtgerippe, mit Stroh umhüllt und mit Bindfaden festgezurrt, hält die Figuren im Innersten zusammen; Kopf, Füße und Hände, die manche Künstler aus Terrakotta formen, werden am Körper befestigt. Dann folgen mehrere Schichten aus einer Melange aus Papier, Mehl und Wasser. Die genauen Mengenverhältnisse sind Erfahrungssache; meist halten die Ateliers sie unter Verschluss. Die getrocknete Figur wird geglättet, bekleidet – die üppig, geradezu barock fallenden Gewänder sind in der Regel ebenfalls aus Pappmaschee gefertigt – und schließlich kunstvoll bemalt. So lassen sich nicht nur preiswert bildschöne Krippenszenen bevölkern. Das Kunsthandwerk ist auch ein Spiegelbild der Bausubstanz des alten Lecce, erinnert die Technik doch ein wenig an die Verarbeitung des weichen Tuffsteins, der sich nach dem Abbau leicht in die gewünschte Form bringen ließ und sich erst an der Luft und mit der Zeit erhärtete und zur Dauerhaftigkeit reifte.

Die filigrane Lecceser Krippenkunst entwickelte sich aller Originalität zum Trotz im Austausch mit einer verwandten Kunstform aus Neapel. Die dort geschaffenen *presepi* spiegeln neapolitanische

Lebensrealität in schönster Weise. Da liegt das Kind in der Krippe auf Stroh, die Eltern betrachten es froh, die drei Weisen aus dem Morgenland nähern sich zu Pferd. Nach der langen Reise werden sie hungrig sein. Deshalb steht ein wenig abseits des Stalls ein großer *Pizza*-Ofen. Gerade serviert der *pizzaiolo* an Tischen im Freien eine appetitliche Margherita, auf der Tomaten und *mozzarella* gut zu erkennen sind. Andere neapolitanische Krippenszenen zeigen in der Nachbarschaft des Stalls Metzgereien und Backstuben, genauso eben, wie die Krippenbauer es aus Neapels Altstadt kannten.

Bei den ersten Miniaturen des Stalls zu Bethlehem, die im 16. Jahrhundert in Neapel gefertigt wurden, erhoben sich rund um den Stall noch antike Säulen. Denn damals waren die Überreste aus römischer Zeit in Neapel allgegenwärtig. Die Ruinen der antiken Tempel erinnerten zudem einigermaßen subtil daran, dass mit der Geburt Christi das Heidentum überwunden wurde. So gehört zur klassischen neapolitanischen Krippe unbedingt der Säulengarten. Die *Pizza*-Öfen kamen erst etwas später hinzu, als die Krippe Allgemeingut wurde. Ursprünglich leisteten sich nur Klöster die Miniaturen, bevor im 18. Jahrhundert auch Aristokraten den *palazzo* mit Weihnachtskrippen schmückten. Erst im 20. Jahrhundert nahm das Bürgertum den Brauch auf – noch bevor der Weihnachtsbaum sich in Neapels Wohnzimmern etablierte. Seither wird die Krippe am 8. Dezember aufgebaut, dem Tag der unbefleckten Empfängnis Marias und Beginn des Endspurts zum Fest. Allerdings noch ohne das Kind, das historisch korrekt erst in der Heiligen Nacht in die Krippe gebettet wird.

Die neapolitanischen Cousins weisen starke Familienähnlichkeiten mit der Verwandtschaft aus Lecce auf. Auch ihre Gerippe sind aus Draht gearbeitet und mit Stroh umhüllt, Köpfe, Arme und Beine aber zumeist aus mit farbigem Terrakotta verkleideten Holz gefertigt. Das preiswerte Pappmaschee wirkte hier wie dort egalisierend und machte die in Kirchen und Palästen heimischen massiven Figuren auch weniger wohlhabenden Menschen zugänglich. Fortan gab es Krippen auch in bescheidenen Haushalten – eine demokratische Kunstform, entwickelt aus dem alltäglichen Leben, zugleich durch und durch schöpferisch.

Haltbar sind die Figuren trotz der Schlichtheit ihrer Rezeptur. Die besten tragen so lebensechte Züge wie die von Meister Claudio Riso. Seine Madonnen blicken so sinnend auf das Kind, als ahnten sie bereits, was diesem Neugeborenen einmal blühen würde. Seine Josefsfiguren betrachten Mutter und Kind mit wehmütiger Distanz. Dass die Krippenfiguren einem Volksglauben zufolge nachts zum Leben erwachen können, erscheint beim Anblick dieser zart gearbeiteten, ausdrucksstarken Gesichter kaum verwunderlich.

Hummer mit Grapefruit

Unser heutiges Brot gib uns täglich: Von den Lockungen der ländlichen Küche Apuliens

Langsam füllt sich die Osteria del Porto. Kurz zuvor noch waren die Straßen Savelletris verstopft gewesen von Autos, deren Fahrer dringend Parkplätze suchten. Die Stunde des Sonnenuntergangs am Meer zu erleben ist ein beruhigendes Wochenendausklangsritual in dem kleinen Fischerort. Schließlich ist für jeden Wagen ein Platz gefunden, die Kinder sind mit Eis versorgt, die Luft erfüllt von Stimmen und dem Kratzen der Stühle, die vor den Bars zurechtgerückt werden. Am Sonntagnachmittag wird Savelletri, das während der Woche still in der Sonne liegt, wo Fischer ihre Netze ausbessern und Senioren die Cafés bewachen, von Flaneuren geflutet.

In der Osteria dampft bereits der erste *risotto ai frutti di mare* auf dem Tisch, im Glas schäumt leicht der weiße Hauswein, in einem Korb liegen Weißbrot und Salzkringel. Im Aquarium toben drei zankende Hummer.

Um diese Zeit sitzen vor allem Urlauber an den Tischen. Erst später, wenn die Dämmerung ernst macht, das Treiben auf der Straße am Hafen nachlässt und die ersten Urlauber bereits am *limoncello* nippen – nach dem Essen wird den Gästen eine

Karaffe mit dem Zitronenlikör zur eigenen Bedienung gereicht –, kommen auch die Einheimischen.

»Wir essen in Apulien, was frisch ist, was gerade Saison hat. Im Sommer und im Herbst kochen wir viel mit Auberginen, die letzten kommen an Weihnachten auf den Tisch. Im Herbst gibt es Feigen und *barattieri,* runde Gurken aus der Region, die gerade mal zwei Wochen Saison haben. Im Winter Mangold, Brokkoli, Blattgemüse. Mit dem Fisch ist es genauso. Man geht morgens auf den Fischmarkt und schaut, was da ist.« Vittorio Muolo, selbst Betreiber zweier Fünf-Sterne-*Masserie* samt dazugehörigen fabelhaften Restaurants im Hinterland Savelletris, erläutert keine kulinarische Doktrin und kein gastronomisches Konzept. Er spricht von einem wesentlichen Bestandteil süditalienischen Alltags: dem Essen.

Die italienische Küche ist vom Piemont bis nach Sizilien von Einfachheit geprägt, mancherorts von raffinierter Einfachheit. Sollen andere ihre Tellerränder mit bunten Tupfen verzieren oder sich an der Zubereitung von Melonenkaviar erschöpfen. Hier steht die Qualität der Produkte im Vordergrund.

Heute kann man sich auch im tiefen Süden leisten, darauf Wert zu legen. In früheren Tagen hatte niemand Zeit darüber nachzudenken, dass kein Fenchel der Welt so zart ist wie jener, der im Frühling in Apulien geerntet wird. Man süßte mit Honig oder Feigensirup, weil Zucker meist nicht vorhanden war. Natur und Notwendigkeit haben in

Apulien eine Küche geformt, die durch das milde Klima, einen reichen Fundus an Wildpflanzen und die Erfahrung aus Jahrhunderten landwirtschaftlicher Kultivierung keinen Mangel kennt. Dafür aber umso mehr Aromen.

Die saisonale und regionale Küche, der sich Küchenchefs von Brisbane bis Buenos Aires verschrieben haben, ist im tiefen Süden Italiens nur eine logische Folge der Lebensumstände. Die Menschen versorgten sich hier noch aus dem eigenen Garten und vom Markt, als anderswo schon Supermärkte, Fertigprodukte und Gefrierschränke die Ernährungsgewohnheiten prägten.

Vittorio Muolo: »Traditionell wird bei uns nur ein Gang gegessen, der dafür ziemlich schwer ist. Die Menschen hatten nie viel und mussten trotzdem satt werden.« Generationen von Kindern sind mit einer Ernährung auf Basis von Hartweizengrieß, Olivenöl und Gemüse herangewachsen. Heute lassen *spaghetti pomodoro* und *risotto ai finocchi* die Augen von Mittel- und Nordeuropäern leuchten. Auch in Muolos Restaurants, wo schon Hugh Grant, Jude Law, Sienna Miller und Daryl Hannah den Versuchungen der einfachen Küche erlagen. Letztere ließ sich, hingerissen von der abendlichen Stille, ihr Essen am liebsten im Kräutergarten servieren.

Im Restaurant Egnathia wird in den im 17. Jahrhundert erbauten Stallungen der *masseria* getafelt. Einem *carpaccio di spigola con mango e olio* (vom Wolfsbarsch mit Mango und Olivenöl) neben dem *tartare di Orate* (von der Goldbrasse) könnten hier *ravioli con salsa di pomodorini, basilico e cacioricotta affumicato* (mit Tomatensauce, Basilikum und geräuchertem Cacioricotta) folgen, einer süditalienischen Käsesorte aus Ziegen- und Schafsmilch. Oder aber *orecchiette con pomodorini secchi, acciughe, primosale e pan fritto* (mit getrockneten Tomaten, Sardellen, dem gesalzenen Käse Primosale und Brotkrümeln). Als Hauptgang vielleicht *tonno con verdurine croccanti* (Thunfisch mit knusprigen Gemüsen) oder *agnello alla griglia con zucchine alle menta* (gegrilltes Lamm mit Zucchini und Minze). Gemüse und Kräuter stammen aus dem Garten, den einst Mönche anlegten.

Im Ristorante Le Palme der benachbarten *masseria* sammelt man sich zum Essen ebenfalls in den einstigen Stallungen am Fuße des Turms, den einst maltesische Ritter zum Schutz vor Sarazenen erbauten. Hier interpretiert Küchenchef Luigi Giannuzzi die Spezialitäten der Region eher kreativ als traditionell.

Mit Vorspeisen wie den *capesante con crema di foie gras e bottarga di muggine* (Jakobsmuscheln auf Foie-Gras-Sauce und dem Rogen von der Meeräsche) beweist Giannuzzi seine Lust an Blicken über den Tellerrand, bis ein erster Gang aus *orecchiette con straccetti di manzo e polpettine di pane al ragù* (mit Rindfleischstreifen und Brotbällchen in Tomatensauce) oder *astice,* Hummer aus der Adria aufgewühlte Gaumen beruhigen. Doch beruft man sich in beiden Restaurants auf kulinarische Traditionen von Saisonalität, Regionalität und eben Verfügbarkeit.

Die Übersichtlichkeit und die Qualität der Zutaten schärfen den Geschmackssinn. Dass Tomaten im Lauf von acht Sommerwochen unterschiedliches Aroma entwickeln, erfährt nur, wer sie regelmäßig im eigenen Garten erntet und noch am selben Tag verarbeitet.

Auch in der Stadt legt man Wert darauf, dass Lebensmittel möglichst aus der Nachbarschaft kommen. Im Ristorante Terranima in Bari, einem kleinen, liebevoll eingerichteten Lokal, hängen an den Wänden zu großen Trauben gebundene Tomaten. Ihr besonderes Aroma verdanken sie der salzigen Meeresluft der Küste, an der sie gereift sind.

»In Apulien ist alles, was man für die frische Küche braucht, in einem Radius von zwanzig Kilometern zu bekommen«, erklärt Pietro Conte, der Inhaber des Terranima. Ganz selbstverständlich setzt er auf eine regionale, saisonale Küche, wie sie anderswo in Mode, hier aber Tradition ist. Conte kennt die Bauern, von denen er sein Gemüse bezieht, und er weiß, wer den besten Thunfisch weit und breit aus dem Meer zieht. Nun fährt er Oliven, duftende *focaccia* und hausgemachte *taralli* auf, dann *burrata* und *ricotta*, Schinken und Salami, bevor es mit gebratenen Gemüsen und *tagliolini con tonno et pomodorini* (mit Thunfisch und am Meer gereiften Tomaten) sowie *orecchiette con pomodorini e melanzane* (mit Tomaten und Auberginen) weitergeht. Und das ist erst der Anfang seines Degustationsmenüs quer durch die Köstlichkeiten der Küche Apuliens.

Sein Restaurant in der Neustadt Baris ist kaum größer als ein Wohnzimmer und ähnlich liebevoll dekoriert. Lange Tische, Blumenvasen, die Wände voller Bilder. Conte entdeckte es vor acht Jahren, als er selbst hier zu Gast war. So begeistert war er von der Atmosphäre in dem kleinen, lang gestreckten Raum, dass er das *ristorante* schließlich kaufte. Heute ist seine Küche ihm Lebensunterhalt, Mission und Therapeutikum zugleich. »Wenn ich nervös bin, gehe ich in die Küche und experimentiere, stelle neue Gerichte zusammen.« Ist er mit dem Ergebnis zufrieden, setzt er es auf die Karte. Eines dieser Experimente gelang so gut, dass es von einem Gastrokritiker zum besten Gericht Italiens gekürt wurde: *fagottini ripieni di burrata, ricotta e tartufo pugliese,* mit *burrata, ricotta* und weißen Trüffeln aus Andria gefüllte Teigtaschen.

Das Meer birgt weitere Genüsse. Seeigel wird roh aus der Schale gesaugt, in der Bar genauso wie im gehobenen Restaurant. Wer ihn löffelt oder ein Stück Brot zur Hilfe nimmt, gibt sich als Tourist zu erkennen. Auch Hummer schmeckt am besten roh, weiß man hier, ergänzt nur durch ein paar Grapefruit- oder Orangenscheiben.

In der Pescheria Due Mari, die in Savelletri nur ein paar Schritte entfernt liegt von der Osteria del Porto, lässt sich das überprüfen. *Sarago,* Brasse, *dentice,* Zahnbrasse, *corvina,* Meerrabe, *tonno,*

Thunfisch und *gamberoni,* Riesengarnelen bietet Vito Sabatelli heute, der das Fischgeschäft in vierter Generation betreibt. Mittlerweile gehören auch ein paar Tische für Gäste dazu.

Ende März öffnet Vito die Pescheria, im Mai stellt er die Tische nach draußen, nach dem langen Sommer holt er sie Ende Oktober wieder ins Haus. Im Winter öffnet er nur freitags und samstags, außerdem zu Weihnachten »und bei schönem Wetter«, fügt er mit einem Lächeln hinzu, bei dem die blauen Augen im gebräunten Gesicht aufblitzen. Schönes Wetter ist hier auch im Winter recht häufig; noch an manchem Dezembertag scheint die Sonne im Süden Italiens von hellem Himmel.

Ins Freie setzen sich die Einheimischen auch an sonnenhellen Herbst- und Wintertagen dennoch nicht ohne Not. Die Tische werden im kleinen Verkaufsraum gedeckt, weißer Wein entkorkt, die Flasche in einem Eiskübel versenkt, Olivenöl, Brot und Salzkringel als Vorboten des frischen Fischs gebracht. Vito empfiehlt, den Fisch erst *naturale* zu probieren, dann mit ein wenig Olivenöl, einem Spritzer Zitrone, Salz und Pfeffer. Einer schmeckt besser als der andere. Draußen geht das Leben seinen Gang, innen wird ein schöner Tag zu einem besonderen. Wenn dies ein einfacher Genuss ist, denken wir, dann hätten wir gerne noch viele schlichte Tage vor uns.

Hochzeit am Hafen

Zwischen Raub und Rettung: Bari, die zweitgrößte Stadt des italienischen Südens, ist zur Heimat des Nikolaus geworden

Vorsichtig rafft die Braut ihr Kleid. Mit Hilfe des Bräutigams und der in ein langes, pinkfarbenes Tüllkleid gewandeten Trauzeugin erklimmt sie die Hafenmauer. Mit einem sportlichen Sprung setzt ihr eben angetrauter Gatte hinterher. Das junge Paar posiert vor einem Hintergrund aus altem Hafen, Uferstraße und den Fassaden Baris. Keine Frage: So müssen Hochzeitsfotos aussehen. Was macht es da, dass der Himmel über Bari heute, untypisch für einen Spätsommertag, von Wolken verhangen ist. Die Kameras klicken um die Wette.

Während die Braut von der Mauer klettert, rollt schon die nächste blumengeschmückte Limousine heran. Es ist Freitag, da fährt ein Brautpaar nach dem anderen am Porto Vecchio vor. Eine Hochzeit ohne Fototermin im Hafen wäre in der Hauptstadt Apuliens wie ein Frühling ohne Mai.

Unterdessen ist das erste Paar mit seinen Gästen die Stufen zur Promenade hinaufgestiegen. Auf der Molo San Antonio führt sie bis zum Leuchtturm hinaus. Aus einem Auto, das unten geparkt ist, erklingt schönster italienischer Schlagerschmelz. Mehr Fotos. Starke Arme heben die

Braut empor. Die Hochzeitsgesellschaft winkt und jubelt. *Che bello!*

Als sie wieder in den Hafen zurückkehren, werden Braut, Kleid und Trauzeugin sorgsam im klimatisierten Auto verstaut. Bräutigam und Trauzeuge verschwinden auf einen schnellen *caffè* im Lokal Oltremare. Schnell leeren sie die Tassen. Der Trauzeuge raucht und reicht der Braut stumm die Zigarette durchs offene Fenster. Sie nimmt einen Zug und reicht sie zurück. Die Herren steigen ein, das Auto braust davon. Heiraten ist anstrengend, das ist in Bari nicht anders als in Berlin oder Bern. Nur die Fotos, die Paare an ihren großen Tag erinnern, haben hier dank ihrer Kulisse besonderen Reiz.

Der drittgrößte Hafen der Adria, seit Jahrhunderten ein Umschlagplatz zwischen Ost und West und mit seinem Fährhafen noch immer ein wichtiger Verbindungspunkt zwischen Italien und Griechenland, ist ebenso wie das Meer ein fester Teil der Identität der Stadt und ihrer Bewohner. Beides gehört auch zum schönsten Tag im Leben wie Schleier, Strumpfband und Hochzeitstorte.

Im Restaurant ist unterdessen der Chef aus der Küche getreten. Die ersten Gäste des Tages sitzen, durch eine Bastmatte von der Straße getrennt, auf Plastikstühlen. Er serviert ihnen *spaghetti frutti di mare*. Perfekt *al dente* sind sie geraten, dampfen unter Scampi, Muscheln, Tintenfisch, Tomaten und Kräutern und verströmen einen verführerischen Duft nach Olivenöl, Knoblauch und frischem Meeresgetier.

Immer mehr Urlauber kämen jetzt zu ihm, erzählt der Chef und scheint selbst verwundert darüber. Deshalb hat er seine Karte, die auf ein Blatt Papier passt, von einem Freund ins Englische übersetzen lassen. Nur die Preise sehen aus, als hätte er sie schon lange nicht mehr verändert. Für die köstliche *pasta* nimmt er sieben Euro, für einen Viertelliter *vino bianco* zwei.

Dass mehr, sogar viel mehr Urlauber aus dem Ausland die zweitgrößte Stadt Süditaliens nach Neapel besuchen als noch vor einem halben Dutzend Jahren, ist offensichtlich. Vor allem deutsche Bildungsreisende sind im Früh- und Spätsommer in bemerkenswerten Scharen unterwegs, aber auch viele Russen. Sie sind den Reliquien des Heiligen Nikolaus auf der Spur, die in der Basilica di San Nicola eine würdige Heimat gefunden haben.

Zuvor hatte man sie aus dem antiken Myra geraubt, der heutigen Stadt Demre in der Türkei. Fast tausend Jahre ist das her, Bari war jünger und benötigte eine Attraktion, um Pilger anzulocken. Insofern hat Tourismusförderung hier Tradition. Neben der Prozession am Todestag des Heiligen, dem 6. Dezember, wird eine weitere am 9. Mai veranstaltet – nicht weil dies für die Urlauber die angenehmere Jahreszeit ist, sondern weil die Überreste des Heiligen am 9. Mai des Jahres 1087 in Bari eintrafen.

Im Übrigen war das Grab des schon zu Lebzeiten hoch angesehenen Bischofs von Myra, der vermutlich im Jahr 347 starb, in Kleinasien mehrfach geschändet worden. So erzählte es zumindest die Propaganda. Zwischen Raub und Rettung liegt manchmal nur eine Pressemitteilung; auch in Bari war das so. Doch zieht Demre heute aus seinem berühmten Bischof auch ohne dessen Gebeine erklecklichen touristischen Nutzen, und so trübt das Thema Nikolaus nicht (mehr) die Beziehungen zwischen beiden Ländern.

Die fast tausendjährige Basilica di San Nicola befindet sich naturgemäß im ältesten Teil der Stadt. Und was ist das für eine Altstadt! Einer Festung gleich thront sie auf einer Landzunge über dem Meer. Trotz der wachsenden Besucherzahlen ist sie noch immer ein authentischer Schauplatz süditalienischen Alltags, wie man ihn sonst eigentlich nur aus italienischen Filmen der fünfziger Jahre kennt.

Heute ist schwer vorstellbar, dass das *centro storico* vor wenigen Jahren als zweifelhaftes, abends sogar gefährliches Pflaster galt. Handtaschen- und Schmuckraub waren hier zwar keine anerkannte Beschäftigung, aber keinesfalls unbekannt, bis eine erhöhte Zahl ziviler Streifenpolizisten die Situation deutlich entspannte.

Nur wenige Hundert Meter von den funkelnden Geschäften und schicken Cafés der Via Sparano und des Corso Cavour in der Anfang des 19. Jahrhunderts in ordentlichem Schachbrettmuster angelegten Neustadt winden sich die Gassen um zahlreiche Kirchen und Zeilen schmaler, hoher Häuser. An jeder Ecke und neben vielen Türen sind kleine Hausaltäre errichtet. Die Häuser selbst sind noch immer privat bewohnt; nur in dem einen oder anderen Erdgeschoss befindet sich eine Bar oder ein kleiner *alimentari*.

Die Türen der Häuser stehen offen. Zwei Läden öffnen nach außen, zwei Flügeltüren nach innen. Dazwischen flattert ein Vorhang als Sichtschutz in der Brise, die bisweilen den Weg vom Meer in die festungsartige Altstadt findet.

Hausfrauen im Kittel und mit Lockenwicklern auf dem Kopf wässern die großen, mit Hibiskus und Olivenbäumchen bepflanzten Kübel vor den Häusern und die Blumen vor ihren Fenstern. Kinder sausen auf Rollschuhen und Fahrrädern umher. Über den schmiedeeisernen Balkons im ersten Stock flattern lange Markisen, um die Sonne auszusperren, an Ständern sind Tisch- und Leibwäsche zum Trocknen aufgehängt.

Mittags wird es ruhig in den Gassen. Nun tappen nur mehr Touristenpaare mit Kameras, vernünftigen Schuhen und Stadtplänen umher und versuchen, dies alles in seiner verwirrenden Schönheit zu begreifen und nebenbei Stadtplan und Straßen in Übereinstimmung zu bringen. Jetzt dringen Stimmen und Kindergeschrei durch die offenen Türen und Fenster, untermalt vom Klirren von Besteck und Geschirr. Dann senkt sich Mittagsruhe über das alte Bari. Nur ein paar ältere Damen nehmen auf Stühlen vor ihren Häusern Platz, um ein wenig zu plaudern. Gegen Abend, wenn die Altstadt zu neuem Leben erwacht, werden es noch mehr sein. Dann sind auch ein paar Herren zugegen, die sich auf eine Partie Schach treffen. Andere stehen in den Gassen und tauschen sich aus. Ein Fremder kann sich hier leicht wie ein Eindringling fühlen, so intensiv sind die Bewohner der Altstadt mit ihrem Leben beschäftigt, das sich zu wesentlichen Teilen im Freien abspielt.

Am späten Nachmittag öffnet die Basilica di San Nicola wieder ihre Pforten. Hier mischen sich reisende mit sesshaften Sündern, die nur kurz hereinschauen, um ein Gebet zu sprechen und eine Kerze zu entzünden. In der Nähe des Eingangs wacht der Heilige höchstselbst. Es ist die lebensgroße, in üppige Gewänder gehüllte Figur, die nur zu den Prozessionen im Mai und im Dezember ihren Platz in der Glasvitrine verlässt. Dann wird sie auf ein zuvor durch Los ermitteltes Fischerboot gebracht, das mit dem Heiligen hinausfährt. Wie im Jahr 1087 erreicht der Schutzpatron der Kaufleute und Seefahrer in der Nacht Bari, wenn man davon absieht, dass der Heilige damals lediglich seine Gebeine dabei hatte. Der Bischof nimmt ihn in Empfang, bevor er in einer farbenprächtigen Prozession, begleitet von in historischen Kostümen gewandeten Gläubigen, in seine Basilika zurückkehrt. Wer wollte angesichts eines solchen Spektakels noch auf der alten Geschichte von den geraubten Reliquien herumreiten.

Zwei Jahre nach ihrer tatsächlichen Ankunft in der Stadt erhielten die Gebeine ihren Platz in der eben fertiggestellten Krypta der Basilika. Seither ruhen sie in einem Schrein unter einem Altar, der durch ein Gitter von Pilgern getrennt und von silbernen Lampen und Laternen erhellt wird. Vor dem Schrein ist eine Glasplatte in den Boden eingelassen, unter der sich Kondenswasser absetzt. Diesem Wasser wird wundertätige Wirkung zugeschrieben. Um die Nachfrage zu stillen, ohne die Preise in fantastische Höhen zu treiben, wird es alljährlich am 9. Mai mit Leitungswasser verlängert und übers Jahr zum Kauf angeboten.

In einer Ecke befindet sich die Capella orientale, die die seit den fünfziger Jahren hier heimischen Dominikaner für orthodoxe Pilger anlegten. So schlägt Bari auch heute in religiöser Hinsicht eine Brücke zwischen West und Ost. Immer herrschte hier reges Kommen und Gehen. Zahlreiche Päpste und Könige haben die Krypta besucht und einstmals auch Prinz Charles und Prinzessin Diana.

Inmitten der sechsundzwanzig Säulen der Krypta sitzen betende und vom auf Asphaltlaufen erschöpfte Menschen Seite an Seite. Eine Säule ist in ein Korsett gespannt; es schützt sie vor allzu vielen ehrfürchtigen Berührungen. Denn dies ist jene wanderlustige Säule, die dem Heiligen, der sie am Tiber gefunden hatte, erst nach Myra und später nach Bari folgte.

Ein Bild unterm Altar zeigt die Ankunft des heiligen Mannes in Bari als Person, nicht als Schatulle voller Knochen. Ins Gebet vertieft kniet ein junges Mädchen davor. Nach einigen Minuten streckt sie die Hand durch das Gitter, um das Marmorplateau zu berühren, das die Überreste des Heiligen birgt. Schließlich erhebt sie sich und verlässt gestärkt die Krypta.

Die Kathedrale selbst beruhigt mit der kühlen Klarheit ihrer Formen und dem sparsamen Schmuck der Fassade von apulischem Barock überreizte Augen – was nicht bedeutet, dass hier nichts zu sehen wäre. Der prachtvolle Altaraufbau aus dem 12. Jahrhundert, der Überfälle ebenso wie das Erdbeben von 1465 überstand, sticht umso eindrucksvoller hervor. Das Ziborium ruht auf einem Mosaik, in das immer wieder das Wort »Allah« eingeflochten ist, was nicht nur auf einen muslimischen Künstler hindeutet, sondern in schöner Zierschrift die Nichtigkeit aller Glaubenszwiste illustriert. Ein ebenfalls bald tausendjähriger, aus einem einzigen Marmorblock gefertigter Bischofsthron ruht auf den schmerzverzerrten Gesichtern der an seinen vier Ecken angeordneten Träger.

Die fünfundfünfzig Meter lange Basilika entstand auf einem alten Herrscherpalast, in dem vor dem Bischof von Myra langobardische, muslimische und byzantinische Herrscher das Sagen hatten. Die wechselvollen Herrschaftsverhältnisse in Apulien und die exponierte Lage Baris am Meer erforderten nicht nur den Bau zahlreicher Kirchen, in denen sich die Gunst des Herrn und aller Heiligen erflehen ließ. Auch der Bau starker Festungen schien zur Verstärkung geistlichen Schutzes sinnvoll.

Friedrich II., ein treuer, allerdings eigensinniger

Sohn der Kirche, ließ im 13. Jahrhundert das am Rand der Altstadt gelegene Kastell aus- und umbauen. Errichtet hatten es schon die Normannen, die an dieser Stelle vom Meer nahende Gefahren ebenso im Blick behielten wie mögliche Unruhen in der Stadt. Trotz einer Explosion von eingelagertem Pulver im Jahr 1525 überstand die Festung die Jahrhunderte und konnte viele ihrer Geheimnisse für sich behalten.

Das Volk, vor dem die Festungsmauern einst ebenso schützen sollten wie vor militärischen Attacken, rückte schließlich doch auf die Burg vor. Seit Ende des 19. Jahrhunderts nutzten die Bewohner der Altstadt die Zisternen im Süd- und im Westgraben der Burg, um sich mit Wasser zu versorgen. Im Schlamm der Gräben pflanzten sie Gemüse und Blumen.

Der Bau selbst sorgte in der Neuzeit zunehmend für Ratlosigkeit; an Tourismus dachte noch niemand, und so suchte man nach immer neuen Möglichkeiten, die sperrige Immobilie sinnvoll zu nutzen. Bis 1930 diente das *castello* als Gefängnis und Militärbaracke; zwischenzeitlich wurde eine Armenküche an der Stelle einer der Zisternen eingerichtet, die aber schon 1929 wieder abgerissen wurde. Stattdessen nahmen die *carabinieri* hier Quartier. 1937 zog schließlich die apulische Behörde für Kunst und Denkmäler ein. Da dienten die Gräben noch immer als gemeinschaftliche Schrebergärten. Bis in die fünfziger Jahre zogen die Altstadtbewohner hier ihr Gemüse; erst 1960 wichen die Äcker einem italienischen Garten, und die Menschen mussten sehen, woher sie ihre Beilagen bekamen.

Heute wird überall an der Anlage gehämmert und gegraben. Nach dem Zweiten Weltkrieg machten sich die ersten Restauratoren und Archäologen an die Arbeit. Seither versuchen sie, einander nicht allzu sehr zu behindern. In den achtziger Jahren wurden unter dem Staufer-Saal im Nordflügel die Reste einer frühchristlichen Kirche entdeckt. Die dreischiffige byzantinische Kirche, die vermutlich dem Heiligen Apollinarius gewidmet war, liegt viereinhalb Meter unter dem heutigen Fußbodenniveau. Obwohl das linke Seitenschiff der Kirche in seinen Grundzügen erhalten ist, ist ein geschulter archäologischer Blick bei der Identifizierung der Gesteine als Kirche hilfreich.

Bari braucht heute keine Festung mehr; die Bedrohungen sind weniger geworden – und anderer Natur. Die größte Gefahr für Besucher ist zweifellos, nachts betrunken ins Hafenbecken zu stürzen, und auch die ist für gewöhnlich zu vernachlässigen. Auf dem Lungomare Imperatore Augusto aber, der die östliche Seite der Altstadt umschließt, erinnern ein Schild und ein Sportplatz an ein »unschuldiges Opfer der Mafia«, einen Jungen, der mit sechzehn Jahren dem organisierten Verbrechen zum Opfer fiel. Auch in Apulien existiert, unsichtbar für Außenstehende, ein regionaler Arm der Mafia. Wo Michele so grausam aus dem Leben gerissen wurde, sollen andere Jugendliche Fußball spielen können.

Tief und ernst schlägt die Glocke der Basilica di San Nicola. Menschen strömen auf die Piazza Mercantile, den einstigen Marktplatz der Altstadt, der heute von Restaurants gesäumt wird. Auf den Flaniermeilen der Neustadt lassen sich Grüppchen von Teenagern, Paare und Familien an Schaufenstern und Cafés vorbeitreiben. Die Luft ist erfüllt vom Klang vieler Stimmen. Um seine Handtasche muss hier niemand fürchten. Wohl aber um sein Herz. Denn es ist allzu leicht, sich in diese Stadt zu verlieben.

Der Tanz der Spinnenfrauen

Am Tag des Apostels Paulus pilgerten einst von der Tarantel gebissene Frauen ins salentinische Städtchen Galatina

Am Nachmittag liegt die Altstadt Galatinas wie ausgestorben. Restaurants und Bars um die Piazza San Pietro sind geschlossen, die Türen der Chiesa dei Santi Pietro e Paolo Apostoli fest verriegelt. Die Gassen hinter diesem mächtigen Gotteshaus wirken, als hätten ihre Bewohner sie vor Jahren schon verlassen. Nicht mal hartgesottene Bildungsreisende sind zu sehen. Dabei ist es nicht nur heller Tag, sondern auch noch schönste Reisezeit – und das historische Zentrum an Kirchen und Kapellen so reich, dass sich hier ganze Tage mit dem Kapitellenstudium verbringen ließen.

Selbst die farbenprächtigen, sechshundert Jahre alten Fresken in der Franziskanerkirche Santa Caterina d'Alessandria haben das zwanzig Kilometer südlich von Lecce gelegene Städtchen bislang nicht zum überrannten Besuchermagneten gemacht. Fast dreißigtausend Menschen leben hier; dass ihnen die ausgedehnte Mittagsruhe des Südens heilig ist, beweisen die leergefegten Straßen.

Alle Parkplätze an der Piazza San Pietro sind frei. Sehr wenig Kleingeld verwandelt der Automat in sehr viel Parkzeit, die ungefähr bis zur mitteleuropäischen Abendessenszeit reicht. Natürlich: Bis fünf Uhr dauert die Mittagspause, und in dieser Zeit kostet das Abstellen von Autos im Herzen der Altstadt nichts. Zu tun ist hier ja ohnehin nicht viel. Bis auf eine kleine Bar neben der Kirche ist alles zu, von den Geschäften bis zu den Innenhöfen der Privathäuser.

Mit seiner spektakulären Barockfassade aus dem 17. Jahrhundert wirkt das wuchtige Gotteshaus, das über der *piazza* thront, leicht überdimensioniert – für eine Pfarrkirche genauso wie für die Altstadt, die sich hinter ihm duckt. Tatsächlich verbirgt sich hinter ihm nicht nur ein Gewirr aus Gassen, in dem Orientierung frühestens nach einigen Tagen möglich ist, sondern auch ein eigenartiger Kult, dessen heidnische Ursprünge in der Kirche der Apostel Petrus und Paulus mit christlichen Ritualen vereint wurden.

Einzig die überdimensionale Silhouette einer schwarzen Spinne über einer Bar neben der Kirche der Heiligen Peter und Paul weist auf die Rolle Galatinas im *tarantismo* hin, jenem Phänomen, das mit dem Biss der Tarantel beginnt. Oder vielmehr begann. Meist stach die Spinne Erntehelferinnen, die in der Hitze des Sommers auf dem Feld arbeiteten. Kaum gebissen, verfiel das Opfer in Lethargie. Eilig wurden Musiker zur Hilfe geholt. Die schnellen Rhythmen ihrer *pizzica*, gespielt mit Gitarre, Geige, Akkordeon und Tamburin, versetzten die Gestochenen in unkontrollierte Zuckungen und eine Trance. Über Stunden tanzten sie bis zur völligen Erschöpfung. Nach und nach glichen sich ihre Bewegungen dabei dem Takt der *pizzica* an, wurden kontrollierter, gleichsam zum Tanz. Dank der Musik war die Gebissene geheilt. Fürs Erste.

Der zweite Teil der Regenerierung war spiritueller Natur. Sämtliche Spinnenopfer der näheren und weiteren Umgebung zogen dazu am 29. Juni, dem Tag des Paulus, in einer Prozession nach Galatina. Dort versprach der Apostel – unter anderem Schutzpatron der Arbeiterinnen und um Hilfe anzurufen bei Angst, Krämpfen und Schlangenbissen – Heilung und warf nebenbei dem heidnisch anmutenden Exorzismus mittels Musik und Tanz einen religiösen Mantel über. Die weiß gekleideten *tarantati* breiteten Decken auf der *piazza* vor der Kirche aus, wo das Spektakel neuerlich begann. Nun allerdings ohne Musik, wieder aber mit den Stadien Zuckungen, Tanz und Reinigung. Danach wurden sie in die Kapelle des Paulus an der Seite des Palazzo Tondi-Vignola bugsiert, wo weiteres Wälzen, Kreischen und Kriechen die Heilung einleitete. Doch auch die spirituelle Genesung galt nur bis auf Weiteres. Die eigenartigen Symptome des Tarantelbisses konnten jedes Jahr aufs Neue hervorbrechen.

In einem kleinen Museum mit unberechenbaren Öffnungszeiten gleich um die Ecke der *piazza* sind Fotos der *tarantati* und Filme der Gebräuche am Tag des Paulus zu sehen. Noch in den frühen achtziger Jahren wurde das Ritual vollzogen. Insbesondere in jenen abgelegenen Dörfern, in denen bis heute ein vom Griechischen beeinflusster, uralter Dialekt gesprochen wird, war der *tarantismo* lange Teil der Alltagskultur.

Zuletzt standen am Tag des Rituals immer mehr Therapeuten und Fotografen am Rand und machten sich Bilder und Gedanken. Dass fast ausschließlich Frauen von der Tarantel gebissen wurden und extreme Reaktionen auf den an sich nicht übermäßig gefährlichen Stich zeigten, führten Psychologen darauf zurück, dass die Frauen des Südens ansonsten eher wenig Gelegenheit hatten, aus sich herauszugehen. Hysterie infolge von Verdrängung der eigenen Bedürfnisse – Freud hätte seine Freude. Nur war er nie hier. So war es der 1908 in Neapel geborene Anthropologe Ernesto di Martino, der das Phänomen des *tarantismo* in den sechziger Jahren als Erster zum Gegenstand wissenschaftlicher Betrachtung machte.

Die wenigsten Frauen des Salento laufen heute Gefahr, mit einer Tarantel auf Tuchfühlung zu geraten, weder bei der Ernte von Tabak oder Getreide noch beim Jäten im Garten. Dass sich der Radius der Frauen im Süden längst nicht mehr auf Küche, Kirche und Feld beschränkt, ist neben der generellen Verfügbarkeit allergielindernder Medikamente ein Grund, weshalb *tarantella* und *pizzica* nicht mehr als Therapeutika Verwendung finden. Musik und Tradition werden als apulisches Kulturerbe mit Liebe und Stolz gepflegt, und man ist weit davon entfernt, den zugrunde liegenden Aberglauben als rückständig abzutun.

Die zunehmende Dokumentation des Rituals der Spinnenaustreibung durch Fotos und Filme mag indessen zu seinem Ende beigetragen haben. So wurde aus der Wallfahrt von einst die *Notte della Taranta*: ein Volksfest mit Musik und Tanz, das die Traditionen des Südens feiert. Die Altstadt Galatinas hat sich dennoch kaum verändert, seit die letzten echten *tarantati* sich hier vom Gift der Spinne läutern ließen. Nur wenige *palazzi* sind restauriert, manchen Häusern kann man dabei zusehen, wie sie verfallen. Der Putz in den schwärzlich verfärbten Fassaden hat tellergroße Löcher, Stufen bröckeln, einige Fenster sind mit Brettern vernagelt. Nicht wenige Häuser stehen zum Verkauf.

Nur in der Via Cavour sind viele Fassaden schon geflickt. Eine kleine Buchhandlung führt zahlreiche Titel über Schönheit und Traditionen des Salento, die jungen Damen im Tourismusbüro weisen den Besuchern routiniert den Weg zur Kirche Santa Caterina. Dort versammelt sich eine Hochzeitsgesellschaft. Der Bräutigam in Uniform erwartet die Braut, drinnen macht der Fotograf Bilder vom Blumenschmuck.

In den Souterrains der belebteren Sträßchen liegen Polstererwerkstätten neben von Radiomusik beschallten Friseursalons. Einheimische brausen in ihren Autos durch die Gassen, eine Hand locker am Lenkrand, die andere das *telefonino* ans Ohr haltend. Fußgänger pressen sich an Haustüren. Galatina erwacht zum Leben – wie jeden Tag.

Piraten vor dem Festungsturm

Höchstes Glück im tiefen Süden: Das ländliche Apulien ist für Kinder ein Abenteuerland ohne Zäune

Erst war er im Außenpool, in den kein Italiener um diese Jahreszeit einen Fuß setzt. Dann drehte er eine Runde durch den Kräuter- und Gemüsegarten und über den Feldweg, der zur benachbarten *masseria* führt. Unterwegs sah er einen Schuppen; in der schiefen Holztür steckte ein überdimensionaler Schlüsselbund. Im Schuppen selbst standen aber nur Gartengeräte. In Savelletri, dem kleinen Fischerort, dessen Straßen an diesem warmen Sonntagnachmittag verstopft sind von flanierenden, Eis essenden und den Sonnenuntergang betrachtenden Menschen, erkundete er den Hafen und kletterte auf den großen Steinen am Meer umher.

Sehr zufrieden resümiert der siebenjährige Knabe die Ereignisse unseres ersten Tages in Apulien. Die südöstlichste Region Italiens besitzt keine interaktiven Museen oder ähnlich offensichtliche Attraktionen für Kinder – ein Wasserpark in der Nachbarschaft und ein Zoo ausgenommen. Dafür aber eine zum Erforschen wie gemachte Landschaft, in der man sich frei bewegen und im Spiel verlieren kann.

Schon unser in einer restaurierten *masseria* gelegenes Hotel bietet mit versteckten Plätzen, Aussichtspunkten, einem begehbaren Turmdach und ummauerten Garten viel Platz zum Erforschen und erfüllt dazu mit Fußballtoren, Trampolin und Pool weitere Erfordernisse kindlichen Urlaubsglücks. Früher baute man sich zum Schutz hohe Mauern ums Haus und einen Turm dazu, um das Meer auf sich nähernde Feinde absuchen zu können. Heute sind diese spannenden Geschichten ein Teil der Magie der apulischen Adriaküste.

So wäre unser Kind nicht traurig, wenn unser Mietwagen kollabierte und wir bis zum Tag der Abreise an Ort und Stelle bleiben müssten. Zum Glück für uns hat sich Apulien aber nach einigen vorangegangenen Aufenthalten als eine Art Zauberland voller wundersamer Orte in seine Erinnerung gegraben, weshalb der Knabe unverbindliche Bereitschaft zur Teilnahme an Ausflügen signalisiert.

Zunächst aber erforscht er die Umgebung. Im Hinterland von Savelletri, wo es wenige Autos gibt und keine Verbotsschilder, besteht sie im Wesentlichen aus Olivenhainen, begrenzt von Mauern. Die sind aus den losen Steinen geschichtet, die früher überall herumlagen, sodass man sie erst wegräumen musste, bevor man etwas anbauen konnte. Wenn man auf diese Mauern klettert, muss man aufpassen, dass sie nicht kaputtgehen, weil sie schon so alt und ein bisschen wackelig sind. Viele der Millionen Olivenbäume Apuliens sind noch sehr viel älter; einige ein paar Hundert, manche sogar tausend Jahre. In Apulien ist das meiste schon vor langer Zeit entstanden, das war unserem Sohn bereits in Lecce aufgefallen, der prachtvollen weißen Barockstadt ganz im Süden, und in Alberobello, der Heimat der lustigen, *trulli* genannten Zipfelmützenhäuser.

Neben der auf den kindlichen Lieblingsspeisen *pasta, pizza* und Fisch basierenden Landesküche ist die bedingungslose süditalienische Liebe zu den *bambini* einer der großen Trümpfe Apuliens. Sie schließt jeden potenziell peinlichen Moment in Folge von Getöse, Geschrei oder zerbrechendem Geschirr aus. Wohin wir auch kommen, spricht man mit dem Kind, reicht ihm ein besonders großes Eis, beeilt sich, *pasta* mit Tomatensauce aufzutragen, wenn unmenschlicher Hunger auf die Stimmung zu drücken droht, und ruft den eigenen Nachwuchs zum Spielen herbei.

Vor einer windgeschützten Mauer hängen leuchtend rote Granatäpfel an grünen Zweigen. Die Luft ist warm, obwohl im Garten zu Hause längst alle Blumentöpfe frostsicher verpackt sind. Nach Apulien muss man nicht im Sommer fahren. Herbst und Winter sind die Zeit der Feigen, der letzten aromatischen Auberginen und der Olivenernte. Unter den Bäumen liegen Netze, Männer stehen auf Leitern und kämmen die Früchte geduldig mit kleinen Harken von den Zweigen.

Die Tage überstrahlt ein hoher, heller Himmel. Die Nachmittage versinken in langer, dunstiger Dämmerung. Wenn es dann urplötzlich ziemlich kühl wird, zieht es unser Kind unwiderstehlich in den warmen Innenpool, den er liebevoll »Grotte« nennt. Dort planscht er so ausgiebig im fast heißen Wasser, dass er es danach gerade noch schafft, eine Portion *orecchiette al pomodoro* zu sich zu nehmen, bevor ihm die Augen zufallen und er noch bei Tisch in tiefen Schlaf sinkt.

»So sah es hier früher aus«, erkennt das Kind, als wir mit Fahrrädern an den Ruinen des antiken Egnazia vorbeifahren. Gleich neben der Landstraße liegen die archäologischen Ausgrabungsstätten, an der anderen Seite blitzt blau das Meer. Das römische Forum und das Amphitheater sind in ihren Grundmauern noch zu erahnen.

Nur im Ansatz vertiefen wir uns in die Geschichte und erfahren, dass die Bewohner vor langer Zeit, etwa tausendfünfhundert Jahren, überfallen und vertrieben wurden. Sie gründeten ein Stück weiter nördlich eine neue Stadt: Monopoli. Diesen Namen findet der Knabe so lustig, dass ein Besuch gleich für den nächsten Tag anberaumt wird.

Die Altstadt Monopolis liegt an diesem Tag so verschlafen, als wären wir die ersten Besucher, die überhaupt den Weg hierher finden. Das Kind läuft über die unverhältnismäßig große Piazza Vittorio Emanuele in die Gassen der Altstadt, die mit Wäscheleinen, Vespas und ganz ohne Souvenirläden aussieht wie die Kulisse eines italienischen Films aus den fünfziger Jahren. Der Knabe schaut in die Kirchen San Domenico und San Francesco, bewundert flüchtig die Kathedrale und ergötzt sich an der Vorstellung, sich in einem Spiel zu bewegen und die schönsten Straßen und Gebäude auf der Stelle kaufen zu können.

Und weil es gerade Spaß macht, durch stille Küstenstädtchen zu sausen, machen wir ein paar Kilometer weiter gleich noch mal Halt: In Polignano a Mare, dessen Altstadt dramatischer noch als der Name impliziert auf einer Klippe überm Meer klebt.

Um Polignano zu erreichen, fahren wir auf die Verkehrsader zurück, die den Küstenabschnitt in angemessenem Abstand zum Meer begleitet. Dass sie gebührenfrei befahrbar ist, ist eine kleine Entschädigung dafür, dass die Einheimischen uns hier ganz unverstellt nach dem Leben trachten.

Sie rücken auf der Überholspur auf unseren Kofferraum vor, als wäre es ihre persönliche Aufgabe, den Stiefelabsatz von Touristen zu befreien. Auf der rechten Fahrbahn, die zugleich als Standspur dient, erlahmt das Tempo jäh, sie zockeln mit vierzig Stundenkilometern voran. »Dann schreiben sie eine Nachricht«, hat unser Sohn beobachtet.

Wir erreichen Polignano dennoch ohne Karambolagen und streifen umher, bis wir den kleinen Fischerhafen San Vito finden. Seine roten, grünen und blauen Boote liegen im Schatten der verwitterten Mauer einer unmittelbar am Meer erbauten Abtei. Nur wenige Meter unterhalb der Tische liegen bunte Boote. Das Kind schaut sie sich aus der Nähe an und nimmt Kontakt mit Irene auf. Sie ist ungefähr so groß wie er, spricht so wenig Deutsch wie unser Sohn Italienisch und ist die Tochter des Hauses La Veranda di Giselda. In dem fabelhaften kleinen Restaurant auf halber Höhe zwischen Abtei und Hafenbecken hat unser Kind zuvor *orecchiette frutti di mare* gegessen, sie sehr gelobt und war dann aufgestanden, um die Umgebung zu erkunden.

Die keimende Freundschaft zwischen den Kindern führt im Restaurant schnell zu gemeinsamen Familienfotos sowie Einladungen zu Eis und Grappa. Auch wenn die Bevölkerungsentwicklung dagegen sprechen mag: In Italien, zumal im ländlichen Süden, definieren sich die Menschen mehr über ihre Familien als anderswo.

So bleiben wir viel länger als gedacht auf der Terrasse der Giselda sitzen, schauen auf den kleinen Hafen, trinken noch ein allerletztes Glas Wein und freuen uns, dass es Giselda wirklich gibt: Giselda Carrieri nämlich, eine zarte Frau mit kurzen dunklen Haaren, ist die Namensgeberin des Restaurants und Mutter Irenes. Sie führt das Haus in der dritten Generation. Als sie die schöne Terrasse übernahm, war hier noch kein Restaurant, sondern eine *cantina di vini,* in der ihre Eltern das Überlebensnotwendige verkauften: Wein natürlich, aber auch *panini, focaccia* und Sonnencreme. Vor zwanzig Jahren hat Giselda dann mit ihrer Mutter und ihrer Schwester aus dem einzigen Geschäft des Hafens nebst angeschlossener Tränke ein Restaurant gemacht.

Von März bis Dezember dauert hier die Sommersaison, im Januar und Februar ist das Restaurant geschlossen. Die beiden Wintermonate reichen zum Renovieren, für eine Reise in die Abruzzen, die Heimat ihres Mannes Gabriele, und um ein bisschen zu entspannen nach der langen Saison. »Ich kenne nur ganz wenig von Apulien«, sagt Giselda, die jeden Tag im Einsatz ist, um außer den Menschen aus der Nachbarschaft, die hier regelmäßig einkehren, auch Apulienreisende vor ihrer Weiterfahrt mit köstlichen Meeresfrüchten zu stärken.

Als wir uns schließlich doch losreißen von diesem freundlichen Ort, zeigt uns das Kind den Pfad, der die Küste ein Stück begleitet. Ihn hat es mit Irene erkundet. Der Weg endet an einem alten Befestigungsturm, wie sie hier überall an der Küste zu finden sind und seit jeher Häfen und Städte bewachen.

Zwischen ihnen erstrecken sich an der südlichen Adria lange Abschnitte naturbelassener Strände. Wir beschließen, uns intensiver damit zu beschäftigen. So wandern wir anderntags im fünfzehn Kilometer nördlich von Brindisi gelegenen Naturschutzgebiet Riserva naturale statale Torre Guaceto den Strand entlang. Tausend Hektar misst das Gelände zwischen Meer und Schnellstraße, hinzu kommen zweitausend Hektar Meer, insgesamt sind es sieben Küstenkilometer. Seit dem Jahr 2000 steht das Gebiet unter Schutz. In der zweiten Hälfte des 16. Jahrhunderts wurde auf einer Landzunge der

Torre Guaceto erbaut, der dem Schutzgebiet den Namen gegeben hat.

Der Strand hier hat nichts mit den Badeanstalten der nördlichen Adria zu tun, in denen Liegen und Schirme Muster von perfekter Symmetrie bilden; auch nicht mit den lebhaften *lidi* des Südens. Hier gibt es weder Bademeister noch Badelaken; jetzt, im Herbst, da kein Italiener mehr freiwillig im Meer schwimmen würde, ist überhaupt kein Mensch zu sehen. Dafür ein paar gewaltige Felsen, die aussehen, als hätte ein Bildhauer sie gearbeitet. In Wahrheit verdanken sich ihre Formen Wind, Wetter und der Zeit.

Das Wasser ist klar, der Sand golden. Die Wellen tragen Algen heran, die auch im Sommer niemand wegfegt. Wir schauen zu Boden, wo kleine Muscheln und größere Steine liegen. Auch einen angeschwemmten Damenschuh und zahlreiche Plastikflaschen finden wir. Einige sind leer, andere voller Sand. Regelmäßig wird der Müll eingesammelt, doch achtlose Ausflügler lassen ständig neuen da. Und noch viel mehr Plastik schwemmt das Meer ans Ufer.

Jenseits der Düne wachen Olivenbäume wie Monumente, zwischen ihnen wuchert Rosmarin wie wildes Buschwerk. Die Fischerei ist hier nicht verboten, wohl aber reglementiert.

Das Kind sammelt Stöcke, Muscheln und Steine auf und klettert auf einen der Wachtürme, die die Küste hier im Abstand von wenigen Kilometern säumen. Von hier hielt man früher nach Piraten und anderen Feinden Ausschau. Ließ sich ein unbekanntes Schiff sehen, wurden die Menschen im Hinterland durch Feuer und berittene Boten gewarnt; mancherorts gab es sogar Tunnelsysteme. Unser Sohn findet diese Vorstellung so spannend, dass er den Horizont sicherheitshalber mit Papas Fernglas einer gründlichen Prüfung unterzieht. Wir betrachten die Dünenlandschaft vor uns und das Meer. Die Aussicht ist weit, die Luft rein.

Felsküste, Feigenkakteen und die Macht des Meeres

Land zwischen Leuchttürmen: Unterwegs an der Küste des Salento

Gleich hinter Otranto bewacht eine Herde Schafe die Straße. Von einer Anhöhe blicken sie auf die SS 87 hinab, als suchten sie eine Mitfahrgelegenheit. Doch der Schäfer hält sie zurück, und so begnügen sie sich damit, das Meer zu betrachten, bis irgendwann das nächste Auto vorbeirollt. Ihre Anwesenheit beweist, dass an den Stadtgrenzen Schluss ist mit den urbanen Vergnügungen der kleinen Bademetropole: keine funkelnden weißen Jachten mehr, keine Fachgeschäfte für Kühlschrankmagnete und Olivenschalen, kein buntes Nebeneinander von Bars, Geschäften und Restaurants. Hier beginnt die Natur.

Südlich von Otranto erstreckt sich bis zum Südkap eine nur spärlich bebaute Küste. Die Straße verläuft entlang steiler Klippen, zwischendurch führen halsbrecherische Abzweigungen zu fantastischen Grotten und versteckten Badeplätzen. Unten schäumt kristallklares Wasser an die Felsen. Wilde Natur wechselt sich ab mit terrassierten Olivenhainen, dazwischen liegen Dörfer, Städtchen und immer wieder unverstellte Küstenlinie. Die

Landschaft zwischen dem antiken Torre del Serpe, der gleich hinter Otranto über dem Meer liegt, bis zum Leuchtturm Santa Maria di Leuca am südlichsten Punkt Apuliens, steht als Regionalpark unter Schutz.

Der steinerne Turm ist keiner der Wachtürme, die im 16. Jahrhundert als lange Schutzlinie vor sarazenischen Angriffen an der Küste angelegt wurden; auch beherbergt er, anders als der Name nahelegt, keine Schlange. Vielmehr war der steinerne Turm Standort eines römischen Leuchtfeuers, das Schiffe vor den felsenreichen Gewässern nahe des Hafens von Otranto warnte. Die Schlange geistert nur durch eine Legende. Der Überlieferung zufolge soll nämlich einstmals eine Seeschlange aus dem Meer auf den Turm gekrochen sein, wann immer sie Durst nach einem besonderen Leckerbissen verspürte. Dann trank sie vom Öl, das auf dem Turm das Leuchtfeuer nährte. So erlosch das Feuer, und im Meer barsten die Planken der Schiffe, die im Finsteren auf die Felsen liefen. Nur einmal erwies sich die Gier der Seeschlange als hilfreich, als ein feindliches Schiff in Ermangelung des Leuchtsignals Otranto verfehlte und stattdessen irrtümlich Brindisi überfiel.

Die Legende um den Namen des alten Schlangenturms dringt wie eine Stimme aus fernster Vergangenheit, als die zerklüftete Küste, deren Schönheit die Menschen heute betört, als tödliche Gefahr gefürchtet wurde. In der Regel aber bewährte sich das System der findigen Römer, wiewohl es in der

Tat den kleinen Schönheitsfehler hatte, auch Feinden den Weg nach Otranto zu weisen. Trotzdem ließ Staufenkönig Friedrich II. den Leuchtturm im 13. Jahrhundert ausbauen. Heute ist nur der halbe Turm erhalten, ein wenig schief ragt er von seinem Sockel empor und kündet von den unzähligen Sommern und Wintern, die diese Landschaft kommen und gehen sah.

Am Kap von Otranto, dem östlichsten Punkt Italiens, warnte ab 1867 ein modernerer Turm Schiffe vor tückischen Felsen. Ein paar Kilometer südlich der Stadt, wo Italien und Albanien nur knapp achtzig Kilometer trennen, steht er an der Punta Palascia auf einem Felsenplateau über dem Meer. Genau hier soll auch der Punkt sein, an dem Adriatisches und Ionisches Meer aufeinandertreffen. Heute wird hier am Neujahrsmorgen die erste Dämmerung des neuen Jahres begrüßt.

Die Strecke vom uralten Leuchtturm Otrantos bis zum Faro Santa Maria di Leuca, der seit dem 19. Jahrhundert über dem südlichsten Punkt Apuliens wacht und warnt, bildet eine der schönsten Routen des Südens. Nur eines gibt es hier nicht, oder kaum, und das sind Parkplätze. Auch das ist schön, trägt es doch dazu bei, das Bild einer wenig berührten mediterranen Landschaft zu bewahren. Allerdings verführt es Autofahrer auf dem Weg zum schnellen Bad im Meer mitunter zu lebensgefährlichen Einparkmanövern am Abgrund.

Über dem Meer sind die Hügel fast kahl, nur wenige Bäume nehmen es mit den Küstenwinden auf, Feigenkakteen und Felsen dominieren das Bild. Hinter einer Biegung erscheint das Meer. Es ist ein Panorama, das gute Laune macht. Am Eingang des Städtchens Santa Cesarea Terme lässt ein großer Parkplatz die Stimmung weiter in die Höhe schnellen. Ohnehin ist die Durchgangsstraße dieses kleinen Badeorts eigentlich durch ein Gitter abgesperrt. Allerdings lässt es gerade noch so viel Raum, dass schlanke Fiat Pandas es vorbeischaffen. Beherzt geben ihre Fahrer Gas und finden sich hinter einer Parade wieder. Denn heute wird in Santa Cesarea Terme ein Fest gefeiert.

Die Sonne brennt auf Musiker in Uniformen, ein Karussell dreht sich träge im Kreis. Polizisten folgen den Pandas, die am Ende der Straße eine weitere Sperre aufhält. Doch gerade rückt ein entgegenkommender Autofahrer das Gitter beiseite, um sich selbst Zugang zur versperrten Uferstraße zu schaffen. Die Pandas entkommen und heizen den Berg hinauf. Zwischen den Gittern kommt unterdessen die Parade zum Stillstand. Schweißgebadet stehen die Musiker vor den Marktständen und betrachten getrocknete Chili, Zucchini und Auberginen, Plastikspielzeug, Blusen und Kleider.

Das kleine Städtchen ist eine Perle dieser Küste. Die orientalische Kuppel der alten Villa Sticchi und eine schöne Promenade künden vom Glanz jener Tage, als vermögende Leute zur Kur hierherreisten. Doch auch heute gibt es noch gute Gründe, dem schläfrigen Zauber des Städtchens zu erliegen, dessen Häuser sich über dem Meer übereinandertürmen. Über steile Treppen sind die verschiedenen Ebenen miteinander verbunden, ganz unten ist ein fantastisches Schwimmbecken in die Felsenküste gefügt. Unmittelbar über dem Meer liegen Terrassen mit dunkelblauen Liegen, eine Leiter hilft Schwimmern ins Becken, ein Halbrund aus Felsen schützt den von der Natur geschaffenen Pool vor der Brandung. Deshalb und weil das Meer auch jenseits des Beckens von schönster Klarheit und seine Felsenufer voller Grotten sind, besitzt Santa Cesarea Terme noch immer eine zuverlässige Stammkundschaft.

Auch in Castro sind Parkplätze spärlich. Was auf den ersten Blick aussieht wie hübsche kleine Aussichtsterrassen, sind in Wahrheit Stellplätze, die zu den gegenüber am Hang liegenden Häusern gehören. Hier von der kurvigen Straße rückwärts einzuparken, erfordert Übung, Mut und Gottvertrauen. Wer zu viel Schwung hat, muss darauf hoffen, dass die schmiedeeisernen Gitter und hellen Mauern stabiler sind, als sie aussehen.

Castro war bis ins 19. Jahrhundert Bischofssitz. Die meisten Besucher aber lassen die Kathedrale und die schöne *piazza* zugunsten der Bademöglichkeiten an der Felsenküste links oder vielmehr oben liegen. Auch hier führen Stufen ins kristallklare Wasser. Sandige Füße im Auto werden erst beim Stopp in Tricase Porto wieder ein Problem. Das Wasser leuchtet türkisfarben im kleinen Jachthafen, daneben liegt eine sandige Bucht.

Von hier aus windet sich die Straße nahe am

Meer von Bucht zu Bucht. Das Land wird flacher, die Dörfer kleiner, als duckten sie sich vor dem nahen Ende der Welt. Hin und wieder beweisen Toreinfahrten, dass glückliche Menschen hier hinter dichten Pinien ihre Ferienhäuser versteckt haben. Am Freitagmittag versiegt der Verkehr nach Süden, wenn ein Auto nach dem anderen in diesen Einfahrten verschwindet – viele von ihnen mit Lecceser Bürgern, die das Wochenende lieber in angenehmer Meeresbrise als in der drückenden Hitze der Stadt verbringen.

Dann ragt, ganz plötzlich und nahe, hinter einer Biegung der weiße, achtundvierzig Meter hohe Leuchtturm des Capo Santa Maria de Leuca auf. Unverhältnismäßig groß wirkt der Bau, wie er sich gleich hinter der schmalen Landstraße am Meer erhebt. 1866 wurde er am südlichsten Punkt Apuliens erbaut. An Land stehen technische und spirituelle Schutzhäuser Seite an Seite. Zu Füßen des Leuchtturms, der als militärisches Sperrgebiet durch Gitter gesichert ist, haben fliegende Händler ihre Stände aufgebaut, davor erstreckt sich ein weiter Platz. Bewacht wird er von Papst Benedikt XVI., dem vor der Wallfahrtskirche Santuario Santa Maria di Leuca ein Denkmal errichtet wurde. Es erinnert an den Besuch, den der ehemalige Papst dem Heiligtum am 14. Juni 2008 abstattete. Er feierte auf dem Platz die Messe und würdigte das Weltenende als heilig und überaus schön.

Hier, am finibus terrae, wo das Ende nahe scheint, zumindest aber Italien eine seiner natürlichen Grenzen findet, stand bereits in römischer Zeit ein Tempel der Minerva. Ihm folgten mehrere Gotteshäuser, das heutige wurde zu Beginn des 18. Jahrhundert erbaut, die Fassade 1926 erneuert. Weiß, weit und menschenleer liegt der Platz zwischen Kirche und Leuchtturm in der Mittagssonne. Ein paar Besucher schleppen sich an den Ständen entlang und kaufen Postkarten. Dann gehen sie in die Kirche, in der Schals bereitliegen, um nackte Schultern zu bedecken, deren Interieur aber gegen die triumphalen Perspektiven draußen blass bleibt. Immerhin verschafft der Besuch die beruhigende Verheißung, dereinst ins Paradies zu gelangen.

Treppenstufen führen von der Aussichtsterrasse hinab in die Stadt Marina di Leuca. Sie verdankt ihre Blüte frühen Sommergästen. Um die Wende zum 20. Jahrhundert, als das Meer auch dank der Leuchttürme seinen Schrecken verloren hatte, suchten vermögende Menschen an der luftigeren Küste Zuflucht vor der sengenden Hitze des Sommers. Hier, am Ende der Welt, ließen sie sich ansehnliche Villen errichten. Das Personal bezog schlichtere Bauten. Aus beidem entstand das Städtchen, in dem heute mehr als tausend Menschen leben. Mit seinem Segelhafen und der Promenade liegt es so selbstbewusst in der Sonne, als wäre es immer schon hier gewesen, ein Schmuckstück an einem stillen Ende der Welt.

Die beste »focaccia« der Welt

Ewig währt die Zeit nur in der Jugend: Bari, Lecce und das Salento funkeln auch in der Literatur

»Die *focaccia* gehört zu den besten Dingen der Welt … Es gibt knusperige, dünne Varianten und dicke, weiche, die mit Kartoffeln belegt sind und andere mit Rosmarin oder wieder anderen Zutaten. Die echte *focaccia* ist allerdings die mit Tomaten und Oliven und verbranntem Rand und sonst gar nichts.« So schwärmt der Icherzähler in Gianrico Carofiglios Roman »Eine Nacht in Bari«. Und das, obwohl er sich gerade noch zügeln wollte, um nicht »im heimatseligen Delirium zu versinken«.

Das zu vermeiden, ist natürlich nicht leicht für einen Einheimischen, der über die Freuden der apulischen Küche schreibt. Gianrico Carofiglio, der lange als Staatsanwalt gegen die Mafia kämpfte, kennt außer jedem Winkel auch jeden Abgrund seiner Heimatstadt – und liebt sie dennoch.

Die »Nacht in Bari« ist anders als seine übrigen Romane kein Krimi. Carofiglio erzählt hier von drei Söhnen der Stadt, die als Studenten eng befreundet waren und einander nach zwanzig Jahren wiederbegegnen. In einer durchsumpften Nacht schauen sie auf ihre gemeinsamen Wurzeln und auf die unterschiedlichen Wege zurück, die sie seit Studententagen eingeschlagen haben: Einer ist als

Notar in Bari etabliert, der zweite nach Chicago ausgewandert, der dritte, der Erzähler, ist Schriftsteller und ebenfalls seiner Heimat treu geblieben.

In dieser Nacht schauen auch sie in manch finstere Winkel ihrer Seelen und ihres Lebens. Und sie bekommen es mit Erinnerungsfetzen, mit Stimmen und Gerüchen aus der Vergangenheit zu tun, die das Gefühl der Endlosigkeit von Zeit und Zukunft, wie es sonst nur der Jugend eigen ist, für ein paar Augenblicke in die Gegenwart transportieren. Paolo, der scheinbar in Amerika sein Glück gefunden hat, enthüllt erst gegen Ende des Romans, dass die Sehnsucht nach Bari längst sein eigentlicher Antrieb geworden ist.

Zuvor hat er bereits zugegeben, dass ihm der Geruch des Meeres fehle. Und das ist nur der Anfang. »Aber wisst ihr, was mir eigentlich am meisten fehlt? Der Duft einer *focaccia*. Wenn ich nur eine Sache nennen dürfte, wäre es das: der Geruch einer *focaccia*. Der Geruchssinn ist wirklich der Sitz der Erinnerungen …« Die *focaccia* als Sinnbild für eine glückliche Kindheit und Jugend, für Heimat und Wurzeln, leuchtet Süditalienern unmittelbar ein und macht Lesern anderer Nationalität bei der Lektüre Appetit.

So unterhält der Roman, der sich abschnittsweise gut als Reiseführer eignet, auch durch detailgenaue Schilderungen des Lebens in Süditalien in den sechziger und siebziger Jahren. Komplexität jenseits seiner regionalen Verortung entwickelt er durch die Rückschau der drei auf verpasste

Chancen, feige und falsche Entscheidungen und auf kostbare Momente perfekten Glücks, die sie erst mit zeitlichem Abstand als solche erkennen. All das können Carofiglios Leser in Osnabrück, Marburg und Weimar ganz ähnlich erlebt haben – oder genauso.

Andere Erinnerungen der drei Herren in den besten Jahren sind hingegen fest in Bari verortet: »Im Gegensatz zu vielen guten Dingen, die selten und teuer sind, gibt es die *focaccia* in Bari an jeder Ecke, wo ein Bäcker ist. Das heißt überall, und jeder kann sie sich leisten. Die *focaccia* ist in Bari eine Metapher für Gleichheit und eines der wenigen Symbole (darunter, nicht zu vergessen, auch rohe Miesmuscheln), in denen die Einwohner Baris ihre gemeinsame Identität wiederfinden.« Dass das auch im dritten Jahrtausend noch gilt, ist immerhin beruhigend, denn ansonsten hat sich am Stiefelabsatz seit der Jugend des Erzählers einiges verändert.

Der Provinzflughafen, auf dem noch in den achtziger Jahren einzig Alitalia-Maschinen in Richtung Rom oder Mailand starteten, vor dem die Passagiere ihre Autos nach Belieben auch für mehrere Wochen abstellten und zu Fuß übers Rollfeld spazierten, um an Bord zu gehen, ist heute ein Tor ins übrige Europa. Das stolze Teatro Petruzzelli, in dem die drei Helden einst ein allzu kurzes Gastspiel von Ray Charles erlebten, hat seine eigene Katatstrophe erlebt. Das am Valentinstag des Jahres 1903 eröffnete Theater ging am 26. Oktober 1991 in Flammen auf, Motiv und Identität der Hintermänner der Brandstifter wurden nie geklärt – eine Art unheilvolle Vorankündigung dessen, was dem Gran Teatro la Fenice in Venedig am 29. Januar 1996 widerfahren sollte.

Seit 2010 wird das Theater, Stolz und Schmuckstück Baris, wieder bespielt. Nach fast zwanzig Jahren bürokratischen Ringens um den Wiederaufbau erhebt es sich an seinem Platz vor der Altstadt; originalgetreu wiederauferstanden, wenn auch an manchen Stellen preiswertes Pappmaschee alten Stuck ersetzt.

Die Kinos, derer sich der Erzähler aus seiner Kindheit und Jugend erinnert, sind indessen Geschichte: ehrwürdige Lichtspielhäuser, Programm- und Spartenkinos, die in Italien tiefer noch in der Alltagskultur verwurzelt waren als nördlich der Alpen. Verschwunden sind sie trotzdem. Die Filmpaläste, einige prächtig-plüschig, andere spartanisch ausgestattet, mit Stühlen, deren Bezüge so fadenscheinig waren wie manche der Stoffe oben auf der Leinwand, gehören zu den Erinnerungen, die jene, die sie hegen, vor allem auf ihr fortschreitendes Alter aufmerksam machen.

Liebe geht durch den Magen. Auch die zur Heimat. Zum Glück hat sich wenigstens die Küche Apuliens kaum verändert: »Die Küche war apulisch, aber, wie man so sagt, neu interpretiert.« Schon zum Auftakt des Abends, der zur Nacht in Bari wird, hat Carofiglio seinen Protagonisten im *ristorante* ein Mahl ausgerichtet, das keine Herrlichkeit apulischer Kochkunst auslässt: »… erst rohe Tintenfischbabys mit kaltgepresstem Olivenöl und Sojasauce, dann Austern, Riesenseeigel, Löwenzahnwickel mit Bohnenpüree, Krabben auf Kichererbsenpüree, verschiedene Käse mit Pfefferoni-, Tomaten-, Zwiebel- und Paprika-Marmelade, salzige Kringel, *friselle* mit Tomaten und *ricotta marzotica*; frittierte süße Oliven, *panzerottini*, frittierte Teigtaschen, mit *mozzarella* und Tomatenfüllung, mit pikantem *ricotta*, mit Fleisch und Murgia-Kräutern, ganze getrocknete und in Olivenöl eingelegte Tomaten, passierte getrocknete Tomaten als Brotaufstrich, *burrata*, kleine *Mozzarella*-Kugeln, *Ricotta*-Variationen, wilder Löwenzahn, wilde Cardoncelli-Pilze, die kostbarer sind als Trüffel und nur in den unzugänglichsten Gegenden der Hohen Murgia wachsen, Ackerbohnen und Löwenzahn mit frittierten Brotstückchen und roten Zwiebeln aus Acquaviva …«

Die Schilderung setzt sich fort und macht es umso erstaunlicher, dass Carofiglios Helden nach diesem Mahl nicht unverzüglich in erschöpften Tiefschlaf fallen. Zugleich beweist sie, dass die ländliche Küche des Südostens auch den Sprung ins dritte Jahrtausend recht unbeschadet überstanden hat – und dass der Autor sich offenbar während des Schreibens einer quälenden Diät aussetzte.

Gianrico Carofiglio machte neben seiner juristischen und politischen Tätigkeit als Schöpfer des Krimihelden Avvocato Guido Guerrieri auf sich aufmerksam. »Reise in die Nacht« hieß sein Erstling. Er schlug unmittelbar ein, begeisterte Publikum und Kritik. Es folgten Preise, Übersetzungen in zahlreiche Sprachen und eine Verfilmung.

Schon Carofiglios erste Laufbahn war gradlinig, schnörkellos und erfolgreich verlaufen. Von Haus aus ist er Richter, später wird er Staatsanwalt in Foggia, 2007 und 2008 berät er die Kommission des italienischen Parlaments, die für die Bekämpfung der organisierten Kriminalität zuständig ist, bevor er in den italienischen Senat gewählt wird. Mit »Eine Nacht in Bari« hat er sich als Romancier weiterentwickelt und ein Sittenbild seiner Heimat gezeichnet, in das der Leser gerne tiefer eintauchen würde, auf noch mehr Seiten oder in noch mehr Romanen.

Andere von Apulien inspirierte Bücher beweisen indessen, dass man nicht zwingend am Stiefelabsatz geboren sein muss, um ein authentisches Bild der Landschaft und ihrer Menschen zu zeichnen. Horst Stern, ein 1922 in Stettin geborener Journalist, hatte mit seiner romanhaften Biografie des Staufers Friedrich II. kaum eine andere Möglichkeit, als über Südostitalien zu schreiben. Denn sein Sujet, der »Mann aus Apulien« und römisch-deutsche Kaiser sowie König von Sizilien und Jerusalem, hatte hier im 13. Jahrhundert seinen Herrschersitz.

Achtundzwanzig von neununddreißig Jahren als römisch-deutscher Kaiser verbrachte Friedrich im Süden Italiens. Warum in klammen Burgen nördlich der Alpen frösteln, wenn das Leben im Südreich doch Sonne und Wärme bot? Ohnehin war der Süden die einzige Konstante in einem wechselvollen Leben, in dem er sich mit zwei Päpsten überwarf, zum Herrscher der halben Welt aufstieg und zwanzig Kinder zeugte.

Der in Jeni bei Ancona in Mittelitalien geborene Stauferspross erscheint in den »privaten Papieren über die wahre Natur der Menschen und der Tiere, geschrieben 1245 bis 1250«, so der Untertitel des Buchs, als Puer Apuliae: als Sohn des von ihm besonders geliebten Apulien und als Kind Italiens. Das ist er auch faktisch, weil er am zweiten Weihnachtstag des Jahres 1194 als Sohn Konstanzes, der Königin Siziliens aus eigenem Recht, in Italien zur Welt kommt. Er bleibt es, weil die Mutter ihn nach dem Tod des Vaters als Erben Siziliens erzieht und er nach ihrem Tod prägende Kindheitsjahre in Palermo verbringt. Ab dem vierten Lebensjahr wächst das Kind als Waise und Schützling wechselnder Vormunde auf. Am 13. Dezember 1250 beschließt Friedrich sein Leben in Italien, im Castel Fiorentino bei Lucera in Apulien; er ist Italiener bis zum Ende.

Von 1220 an lebt er überwiegend in Apulien und Kampanien und hält meist in Foggia Hof; einzig Probleme mit dem aufsässigen Sohn machen 1235 eine beschwerliche Reise in deutsche Lande erforderlich. Die Fakten schaffen Überzeugung: »Ohne Sonne bin ich nichts«, heißt es kurz und klar in Sterns Romanbiografie.

Dabei ist Friedrich alles andere als ein sonnenverwöhnter Müßiggänger. Er ist Gelehrter, Dichter und Wissenschaftler, voller Forschungsdrang, aber auch voller Verbitterung über die Grenzen des Wissens, seines eigenen und des Horizonts seiner Zeit.

Mit dem Castel del Monte hat er der Nachwelt sein Denkmal, jede Menge Rätselraten über die Bestimmung dieses seltsamen Bauwerks und eine Besucherattraktion ersten Ranges hinterlassen. Zu Beginn der Aufzeichnungen ist es gerade im Bau: »Heute entsteht (auf diesem Hügel) das Oktogon, das die Landleute Castel del Monte nennen.«

So führt Stern seine Leser in die Tiefen der Geschichte und ins ländliche Apulien, das sich seit den Zeiten des italienischen Staufers Friedrich II. weniger verändert hat als die Menschen, die es bewohnen. Doch obwohl des Kaisers Diät frugaler ausfällt als die der drei Freunde aus Bari bei ihrem Wiedersehen, fabuliert auch er von »Lamm, Zicklein und Hahn, Rebhuhn und Taube«, vom Thunfisch und vom Wein, den er sich allerdings nur an jedem zweiten Tag gönnt – und dann auch nur mit Wasser verdünnt.

Heute essen die meisten Bürger Apuliens nicht schlechter als einst der Kaiser und Erste nach Gott, und ihren Wein verdünnen sie auch nicht. Auch davon künden die Apulien-Krimis der in Italien lebenden deutschen Journalistin und Autorin Kirsten Wulf. Wo bei Stern das Sujet den Schauplatz diktiert, beflügelt bei ihr die Kulisse ihrer Wahlheimat den Krimi.

In ihrem Erstling »Aller Anfang ist Apulien« enthüllt sie ein Familiengeheimnis und führt ihre Heldin, eine in Hamburg aufgewachsene Halbitalienerin mit dem klangvollen Namen Elena von Eschenburg, nebenbei auf die Spuren eines kriminellen Rings in Lecce. Den Konventionen folgend, ist sie mit Kenntnisnahme des Doppellebens ihres Gatten an ihrem vierzigsten Geburtstag unter Mitnahme des gemeinsamen Söhnchens außer Landes geflohen. Obdach gewährt Mutter und Kind Elenas Onkel Gigi in Apulien. Der wohnt nicht in einer langweiligen Wohnung am Stadtrand Lecces, sondern in einem Barockpalast in der Altstadt, ist schwul, exzentrisch gekleidet und ein hervorragender Koch, und wirft oft und gerne *pasta* in kochendes Wasser.

Doch was voller sonniger Klischees beginnt, endet bei den finsteren Machenschaften von Menschenhändlern. So kristallisiert sich aus Elenas Flucht vor dem untreuen Mann, einem Schuss *amore* in Gestalt des zehn Jahre jüngeren Michele und einer großen Dosis Lokalkolorit schließlich die sehr reale Tragödie der illegalen Einwanderer, deren Leidensweg mit dem Erreichen der Küsten Italiens nicht vorbei ist.

Kirsten Wulf hat Elena und Commissario Cozzoli, den sie ihr im Kampf gegen Frauenhändler und Mafia zur Seite gestellt hatte, unterdessen in Serie geschickt. Die Nachfolger »Tanz der Tarantel« und »Vino mortale« eignen sich mit ihren lebhaften Schilderungen apulischer Sommer hervorragend zur Linderung akuter Sehnsuchtsschübe zwischen zwei Aufenthalten am Stiefelabsatz.

Im Zweitling ereignet sich um das Fest des Heiligen Paulus, des (unter anderem) auf den Schutz vor Schlangen, Skorpionen und Taranteln spezialisierten Heiligen, ein Mord. Auch in ihrem zweiten Apulien-Krimi leistet sich die Autorin unverklärte Blicke auf ihre Wahlheimat: »Kühlschränke und Sofas verschrottet am Straßenrand. Traumstrände voller Zigarettenkippen. Züge, die alle Jubeljahre mal abfuhren. Steinalte Dorfkerne, zu denen man nur durch einen Gürtel oder Ansammlungen halb fertiger Häuser auf Straßen voller Schlaglöcher vorstieß. Siedlungen, in denen jeder irgendwie irgendwas irgendwo hinbaute.« So sieht Elena ihre Herzenslandschaft durch die kühle Brille ihrer überkandidelten Chefredakteurin aus Hamburg.

Es ist nur eine Seite der Medaille, wie niemand besser weiß als Elena selbst. Wohl ist Apulien seiner Schönheit, seiner stilvoll restaurierten *masserie* und der wachsenden Besucherzahlen zum Trotz noch immer eine vergleichsweise arme Region. Doch das Land zwischen zwei Meeren ist gerade deshalb auch ursprünglich geblieben. Neben der über Jahrhunderte nur wenig veränderten Landschaft haben hier Traditionen, Bräuche und Stimmen aus der Vergangenheit alle Zeiten überdauert. Mensch und Land sind in Apulien so eng miteinander verbunden wie die Wurzeln von Korkeichen und Olivenbäumen mit dem Boden des Südens.

Wer hier geboren wurde, den wird der Duft einer *focaccia* aus Bari noch am anderen Ende der Welt einholen.

Gefahr für den Silberwald

Was geschieht mit den Olivenbäumen des Salento? Ein Bakterium bedroht den größten Schatz Apuliens

Es braucht mehrere Menschen, einen Olivenbaum zu umarmen. Zumindest wenn es sich um einen jener Giganten handelt, die seit Jahrzehnten, oft seit Jahrhunderten, manchmal gar seit tausend Jahren in der Erde des Stiefelabsatzes fest verwurzelt sind: Teil des kulturellen Erbes des Südens, Teil seiner Identität – und so glühend bewundert, dass Fälle von bei Nacht und Nebel ausgegrabenen und für erkleckliche Summen in den Norden verschobenen Prachtstücken nur klingen wie Folklore.

Es scheint, als hielten die Ölbäume des Südens alles aus: Diebstahl und Verpflanzung, klamme Winter, die glühende Hitze des Sommers, wenn der Scirocco Saharaluft auf den Stiefelabsatz bläst und die Sonne alles verbrennt außer den zeitlosen Riesen. Sogar das Gesetz der Vergänglichkeit allen Seins scheint für sie nicht zu gelten. Umso beunruhigender ist die Vorstellung, dass ein winziges Bakterium den ganzen Bestand bedroht. Xylella fastidiosa heißt es mit wissenschaftlichem Namen, der Welt ist es auch als Feuerbakterium bekannt.

Hunderttausende von Bäumen in der Provinz Lecce hat der Krankheitserreger befallen, den ein Insekt mit dem harmlosen Namen Wiesenschaumzikade überträgt. Die Krankheit selbst, die unter dem deutlich weniger klangvollen Namen »Olive Quick Decline Syndrome« Schlagzeilen macht, führt erst zur Austrocknung, dann zum schnellen Absterben des Baumes. Der Gesang der Zikaden hat vor diesem Hintergrund sämtliche Assoziationen mit dem Zauber südlicher Nächte eingebüßt. Er klingt nur mehr bedrohlich.

Zunächst war von ein paar Hundert Bäumen die Rede, dann ging es um mehrere Tausend. Letztendlich beschloss die Europäische Union die Fällung von mindestens einer Million Olivenbäumen, viele von ihnen tausend Jahre alt. Rom stimmte zu, zähneknirschend. Was die Rodungen für die Bauern bedeuten, deren Familiengeschichten sich von ihrem Land und den Bäumen darauf nicht trennen lassen – und die mit der Produktion von Olivenöl ihren Lebensunterhalt verdienen –, ist schwer vorstellbar. Klar ist aber, dass die Landschaft des Salento nach einem solchen Kahlschlag nicht mehr dieselbe sein kann. Es ist ein Horrorszenario wie aus einem Umwelt-Thriller, aber bedrückende Realität.

Nördlich von Lecce verläuft von Küste zu Küste eine gedachte Linie. Oberhalb dieser Markierung trennt eine Pufferzone von fünfzehn Kilometern Breite das von Xylella betroffene Gebiet vom übrigen Italien. Um eine Ausbreitung nach Norden zu verhindern, sollen die Bäume dort ebenfalls gefällt werden. Die Furcht, dass die Epidemie den nördlich gelegenen Teil Apuliens, aber auch die

Anbaugebiete Kampanien, Umbrien, Latium und Toskana erreicht, ist groß. Auch anderen Ländern könnte die Plage drohen. Auf Korsika sind im Herbst 2015 erste Olivenbäume vertrocknet.

Dennoch wurden der Beschluss der EU und die Weisung Roms zögerlich umgesetzt. Im Spätsommer 2015 standen die meisten Bäume immer noch. Viele Landwirte weigerten sich, die Kettensäge anzuwerfen. Wegzudiskutieren war die Epidemie indessen nicht mehr. Im Südwesten der Halbinsel, im Dreieck von Gallipoli, Taviano und Alezio, waren aus grünem Olivenwald bereits Geisterhaine geworden. Nur mehr verdorrte Gerippe standen hier, ohne das kleinste Blättchen Grün. Andere Bäume waren bis zum Stamm zurückgeschnitten, die abgesägten vertrockneten Äste am Boden liegend.

Noch bedrohlicher: Schon südlich von Brindisi – nördlich der gedachten Pufferzone, in der abgeholzt werden sollte – zeigten sich die ersten angegriffenen, halb verdorrten Olivenbäume. Andere Haine im Salento scheinen hingegen nicht betroffen. Warum, weiß man nicht. Doch es schürt die Hoffnung, dass nicht alle Bäume krank werden und lässt die Bauern erst recht zögern, gesunde Exemplare im Epidemiegebiet zu fällen. Und mancher klammert sich an der Hoffnung, Erkrankungen wie diese habe es immer gegeben – wenn auch nicht in diesem Ausmaß.

»Wir haben die Gefahr Xylellas vor eineinhalb Jahren unterschätzt«, sagt Ferdinando Elia. Er lebt in einem Dorf in der Nähe Otrantos und ist neben seiner Arbeit in einem Hotel für eine Olivenölproduktion tätig. »Jetzt gibt es viele Meinungen, aber sicher ist nur, dass es eine Tragödie ist, nicht nur für die Landwirtschaft, sondern für uns und das Land. Die Bäume sind so alt. Man kann sie nicht einfach neu pflanzen und dann ist alles wie vorher.«

Im Herbst des Jahres 2013 wurde Xylella fastidiosa erstmals in Olivenbäumen in der Provinz Lecce nachgewiesen. Zuvor waren massiert Fälle austrocknender und rasant absterbender Bäume bekannt geworden. Bald waren insgesamt achttausend Hektar Olivenhain betroffen. Zwei Jahre später sollten es bereits mehr als zweihunderttausend Hektar sein. Tendenz steigend.

Xylella ist in der Landwirtschaft keine unbekannte Bedrohung. Schon Ende des 19. Jahrhunderts wurde es in Kalifornien nachgewiesen. Erst hundert Jahre später wurde es einer breiten Öffentlichkeit bekannt, als das auch in Mittel- und Südamerika heimische Bakterium Mitte der neunziger Jahre in den Weinreben Kaliforniens verheerende Schäden anrichtete. Auch in Südamerika gab es schwere Verluste bei Zitrusfrüchten. Neu ist also nicht das Bakterium; wohl aber, dass es Olivenbäume befällt. Obst-, Pfirsich- und Mandelbäume, Zitruspflanzen, aber auch Zierpflanzen wie Oleandersträucher und eben Weinreben wie in Kalifornien sind in der Vergangenheit schon von Xylella-Stämmen dezimiert worden.

Wie das Bakterium ins Salento gelangte, ist unklar. Vermutlich fand es mit aus Mittelamerika importierten Zierpflanzen den Weg nach Süditalien; dafür sprechen genetische Untersuchungen des Bakteriums. Eine andere Spur führte zu einem Kongress von Wissenschaftlern im Jahr 2010 in Bari. Veranstalter war das Istituto agronomico mediterraneo Bari, das sich dem Schutz von Pflanzen verschrieben hat. Zum Kongress wurden Varianten des Bakteriums aus den betroffenen Weingebieten in Kalifornien eingeführt, legal und zu Forschungszwecken. Die Wissenschaftler wollten die mögliche Bedrohung von Xylella fastidiosa für die Flora untersuchen, um sie besser einschätzen zu können.

Der Verdacht, dass es dabei aus den Laboratorien entwischte, gilt mittlerweile schon aus geografischen Gründen als ausgeräumt, denn Bari liegt nördlich des Infektionsgebiets – und zwar gut hundertfünfzig Kilometer. Zudem sollen sich die beim Kongress untersuchten Varianten genetisch von jener unterscheiden, die die Bestände des Salento bedroht, weshalb die Biologen aus Bari mit ziemlicher Sicherheit keine Schuld an der Katastrophe trifft.

Dennoch köcheln die unterschiedlichsten Theorien darüber, wo die Plage ihren Ursprung hat. Nicht wenige Bewohner des Südens vermuten, dass handfeste wirtschaftliche Interessen hinter der Epidemie stecken und das Bakterium absichtsvoll auf die Olivenhaine der Halbinsel losgelassen wurde: von Immobilien- oder Tourismushaien, die schon lange ein Auge auf die Flächen der Olivenhaine geworfen haben, um auf dem Land große Resorts für zahlungskräftige Gäste anzulegen. Oder aber von Städteplanern, die Straßen wie Schneisen quer durch uralte Olivenhaine schlagen wollen.

Bis zur Epidemie war das Roden von Olivenhainen in Italien per Gesetz verboten. Seit Xylella ist alles anders. So erscheint die These einer unseligen Allianz zwischen Bakterium und Spekulanten nicht sonderlich weit hergeholt: Letztere roden, wo das Erste womöglich gar nicht wütet, um auf den frei gewordenen Flächen bauen zu können, was noch nie jemand brauchte.

Solche Machenschaften gehen zu Lasten eines anderen wichtigen wirtschaftlichen Standbeins. Fünfundvierzig Prozent des italienischen Olivenöls wird aus den Früchten der Olivenbäume Apuliens gewonnen. Das entspricht zwölf Prozent der Weltproduktion. Rund siebentausend Landwirte verdienen im Salento ihr Geld mit Öl.

Bei der Vorstellung, Millionen der geliebten Olivenbäume mit der Kettensäge zu Leibe zu rücken, kochen die Emotionen hoch. Und mit ihnen Schuldzuweisungen, Verdächtigungen und die Frage, wie sich das Bakterium so schnell und so weit ausbreiten konnte. Noch hat sich keine der Thesen über den Ursprung der Plage bewahrheitet. Die Staatsanwaltschaft in Lecce nahm Ermittlungen gegen Unbekannt auf.

Sogar der Zivilschutz wurde mobilisiert; allerdings nicht gegen das schwer zu fassende Bakterium, sondern gegen seinen Überträger: die Wiesenschaumzikade, die Pflanzensaft aus dem Baum saugt und dabei das sogenannte Feuerbakterium in die Wassertransportsysteme der Bäume schleust. Dort löst es die Krankheit aus, die zur Verstopfung der Versorgungswege des Baumes mit Wasser und Nährstoffen führt. Erst welken die Blätter, dann stirbt der Baum. Ganz schnell.

Per Insektizid soll deshalb der Zikade der Garaus gemacht werden. Denn auf der Kombination unterschiedlicher Strategien – Vernichtung kranker Bäume, Bekämpfung des Wirtstiers und scharfer Kontrollen benachbarter Pflanzen – ruht die einzige Hoffnung, die Epidemie unter Kontrolle zu bekommen. In der Region Apulien wurden Landbesitzer daher verpflichtet, das Gift anzuwenden.

Zwei Jahre nach Ausbruch der Epidemie wurden chemische Waffen gegen das Insekt in Stellung gebracht. Südlich der Trennlinie stiegen im Sommer 2015 Giftwolken in den Himmel – zum Wohl eines Chemiekonzerns, der den empfohlenen Kampfstoff entwickelt hat, hoffentlich auch zur Rettung der Ölbäume. Allerdings wehrten sich Bio-Landwirte erfolgreich gegen den Einsatz der Chemikalie auf ihrem Land, weshalb die Chemieattacke den Zikaden große Schlupflöcher ließ.

Für die Bäume innerhalb des Epidemiegebiets in der Provinz Lecce sieht man in Brüssel ohnehin keine Chance. Mitsamt denen in einer zwanzig Kilometer breiten Pufferzone sollen sie gefällt und verbrannt werden.

Weil chemische Waffen selten nur das avisierte Ziel treffen, bedroht der Kampf gegen die Zikade auch andere Insekten. Biologen wiesen darauf hin, dass auch Bienen dem Insektizid in großer Zahl zum Opfer fallen könnten. Und weniger Bienen bedeuten weniger Pflanzen. Zwei Drittel der Pflanzen, die die Menschheit ernähren, werden von Bienen bestäubt. Im Expo-Jahr 2015 war das ein großes Thema in Italien, hatte sich die Weltausstellung in Mailand doch das Ziel gesetzt, Antworten auf die Frage zu finden, wie die Bevölkerung des Planeten künftig zu ernähren sei. Sicherlich nicht, indem Bienen ausgerottet werden, die ohnehin unter den Folgen zunehmender Monokulturen in der Landwirtschaft leiden, und die der Menschheit nicht nur Honig bescheren, sondern auch zahlreiche wichtige Kulturpflanzen bestäuben. Doch allein der Verlust des Olivenöls – und somit eines wesentlichen Bestandteils der mediterranen Ernährung – wäre ein herber Verlust für die Menschheit.

So komplex sind die Abhängigkeiten innerhalb des Ökosystems, dass sich mit Sicherheit nur eines sagen lässt: dass niemand abschätzen kann, wie die Flora im Salento aus dieser Bedrohung hervorgehen wird. Umweltschützer erinnern daran, dass am Beginn einer gravierenden Störung nicht selten ein Eingriff durch den Menschen steht. »Meiner Meinung nach erleben wir hier den Kollaps eines

Ökosystems durch Chemiemissbrauch«, erklärt Mark Meer. Der Deutsche und seine Frau Paola besitzen einen Olivenhain im Valle d'Itria, deutlich nördlich des Krisengebiets.

Dort betreiben sie eine Miniaturproduktion von hochwertigem Olivenöl der Qualität *extra vergine*. Sie pflücken auf traditionelle Art, von Ende Oktober bis Ende November, per Hand mit kleinen Rechen sowie mit Netzen unter den Bäumen. Nur für die höchsten Bereiche der Bäume wird ein batteriebetriebener Schüttler benutzt, sodass Bodenkontakt der Früchte und eine daraus resultierende mögliche Verschmutzung oder Fermentation durch Bakterien vermieden wird. An jedem Abend bringen sie die Ernte des Tages zur Mühle, wo die Oliven kalt gepresst werden.

Zudem haben sie die Gewissheit, dass auf ihrem Land nie Herbizide gespritzt wurden. Das ist nicht überall der Fall. Mark Meer: »Das System ist nach dreißig Jahren einfach so schwach und anfällig, dass jede Krankheit massive Schäden auslösen kann und wird.« Selbst wenn es im Salento nach Xylella Olivenhaine geben wird, glaubt er, könne jede andere Krankheit wiederum ein Massensterben nach sich ziehen.

2013 war es womöglich der besonders trockene und heiße Sommer, der die Ölbäume des Salento anfällig machte für das Bakterium im Gepäck der Zikade. Auch die großzügige Verwendung chemischer Unkraut- und Insektenvernichter könnte zur Schwächung der Bäume beigetragen haben. Alleine ist aber weder das eine noch das andere als ausschließliche Ursache des Massensterbens denkbar.

Die nördlich der Pufferzone vorgebrachte These, dass vor allem verwilderte Olivenhaine betroffen seien, in denen Bäume nicht regelmäßig zurückgeschnitten und auch das Gras am Boden nicht gemäht werde, ist indessen nicht ganz von der Hand zu weisen. Denn diese Maßnahmen, die seit jeher zur Pflege von Olivenwäldern gehören, tragen dazu bei, den Wiesenschaumzikaden das Leben ungemütlich zu machen. Wo sie gewissenhaft befolgt werden, schlüpft die Zikade gar nicht erst. Und damit ist fast alles erreicht. Liegen allerdings Olivenhaine verlassen, weil die Bauern das Land aufgegeben haben und weggezogen sind, hat die Wiesenschaumzikade leichtes Spiel.

Die Europäische Behörde für Lebensmittelsicherheit untersuchte zu Beginn des Jahres 2015 den ebenfalls häufig geäußerten Verdacht, demzufolge Pilze das Olivenbaumsterben auslösten und nicht Xylella. Ergebnis: Pilzbefall schwäche den Baum, während eine gute Bewirtschaftung der Plantagen die Gesundheit der Pflanzen stärke. Als Hauptursache für das Olivensterben komme Pilzbefall aber nicht infrage – auch wenn erkrankte Bäume meist von einem Komplex aus mehreren Arten von Schädlingen befallen seien.

Die Rolle des Olivenbaums im Tourismus ist klein im Vergleich zu seiner Bedeutung für die Landwirtschaft der Region. Und seine Rolle in der Landwirtschaft ist klein im Vergleich zu seiner Bedeutung für den Kulturraum Apulien und seine Traditionen. Doch es lohnt sich nicht nur, den Ölbaum seines Nutzens für den Menschen wegen zu bewahren. Wir müssen ihn auch um seiner selbst willen erhalten. Ohne ihn würde eine Landschaft, die sich über Jahrtausende nur wenig verändert hat, einen großen Teil ihrer Schönheit einbüßen. Der Süden wäre nicht mehr, was er war.